AF144847

www.united-pc.eu

Günter Tolar

VOM ANDEREN UFER

Ein biografischer Roman

Für die 39 Freunde, die ich an Aids verloren habe und für meinen geduldigen Mann Gerald.

1.

Stefan konnte nicht ahnen, dass ihm demnächst ein Besuch bevorstünde, der ihm seine augenblickliche Langeweile wegtünchen und ihn weit in seine Vergangenheit zurückschicken würde, sehr weit sogar. Aber noch war ihm einfach fad, also hatte er den Entschluss gefasst, sich in einen dieser Seniorenklubs einzuschreiben. Bei seinem ersten Besuch wurde er sogleich mit der dort herrschenden Sitte konfrontiert, dass sich ein Neuer selbst in eigenen Worten vorstellt. Der Klubleiter sagte nur: „Das ist unser Neuer. Wer und was er ist, wird er uns gleich selbst sagen. Bitte. Du hast das Wort."

Wie es vor einer längeren Rede üblich ist, räusperte sich Stefan, wäre er an einem Rednerpult gestanden, hätte er vermutlich noch am Mikrofon herumgezupft. Dann legte er, mit zuerst etwas belegter Stimme, los:

„Mein Name ist Stefan. Ich bin 80 Jahre alt und lebe in einer Seniorenresidenz. Allein. Ich habe zweimal geheiratet."

Er begann sich, wie man so sagt, freizureden.

„Die erste Ehe war kinderlos und das war gut so, denn meine Frau ging mir durch mit einem anderen, sie folgte ihm nach Australien, so verlor ich sie aus den Augen – und aus dem Sinn. Ich weiß gar nicht, ob sie noch lebt, und wenn, dann wäre sie gleich alt wie ich. Mit meiner zweiten Frau habe ich zwei Söhne, die auch schon 50 und 52 Jahre alt sind. Ich bin dreifacher Großvater, habe mit meiner Familie aber wenig Kontakt. Der eine Sohn, der ältere, lebt in Birmingham, ist verheiratet und hat zwei Töchter. Er mag mich nicht, weil ich mich ein halbes Jahr nach dem Tod meiner zweiten Frau, seiner Mutter, mit einer anderen eingelassen habe, die ich aber nicht beschreiben muss, denn sie ist vor zehn Jahren gestorben, sie hat sich zu Tode gesoffen. Auf der Straße ist sie betrunken gestürzt und so unglücklich mit dem Kopf auf den Randstein geprallt, dass sie auf der Stelle tot war."

Er bemerkte das ekelerregte Unbehagen seiner Zuhörenden und bremste.

„Die Details will ich euch ersparen, sie sind jedenfalls grausig. Der zweite Sohn, der jüngere, wohnt in Braunschweig, ist schwul, lebt seit über 20 Jahren mit einem Mann zusammen, sie sind mittlerweile verheiratet und haben ein Kind adoptiert, ein afroamerikanisches Mädchen, das sie Berta genannt haben. Ich habe sie nur einmal gesehen, sie ist wirklich, wie man so sagt, kohlrabenschwarz. Inzwischen muss die Berta auch schon mindestens zehn Jahre alt sein. Wenn mich jemand fragt, warum ich offenbar in meiner Familie so unbeliebt bin, dass sich keiner um mich kümmert, muss ich den Frager an die Familienmitglieder verweisen, denn nur sie wissen, warum ich ihnen so egal bin. Sie sind mir mittlerweile auch egal. In eine Verfügung habe ich geschrieben, wer zu verständigen ist, wenn es mir schlecht geht oder wenn ich gestorben bin. Ich möchte auch gar nicht gehätschelt und Opa genannt werden. Mir geht es gut. Ich habe in der Residenz eine Freundin. Sie ist gerade 75 geworden, wohnt zwei Türen weiter, liest viel, liebt wie ich klassische Musik und schwärmt gerne von den Sängerinnen und Sängern von früher, die alle viel besser waren als die Heutigen."

Das heftig zustimmende Nicken der Zuhörenden irritierte ihn ein wenig.

„Ob sie tatsächlich besser waren, weiß ich nicht, es kommt mir jedenfalls so vor. Und ihr auch, der Freundin. Sie heißt Martha. Ich bin mit einem sehr guten Computer ausgerüstet, das WLAN in der Residenz funktioniert schnell und zuverlässig. Ich habe einen Computer-Kurs absolviert, was dazu geführt hat, dass ich sehr viel im Internet unterwegs bin. Facebook, Instagram und Twitter mache ich mit meinen Absonderungen unsicher, diskutiere, mische mich ein, verschmiere Senf und bin sogar in Facebook schon zweimal gesperrt worden, weil ich einen Politiker Arschloch und einen Opernsänger, der mir nicht gefiel, einen schreienden Jochgeier genannt habe. Sowohl für das Arschloch als auch für den Jochgeier erhielt ich sofort unzählige Likes, bis mich irgendein Administrator hinausschmiss."

Stefan stockte, um abzuschließen: „Ja, mehr gibt es nicht über mich zu sagen."

Die Zuhörenden applaudierten, nickten zustimmend, jeder reagierte auf die Weise, zu der er altersbedingt fähig war. Der Vorsitzende leitete ein Abstimmungsverfahren ein, das darüber entscheiden sollte, ob Stefan würdig sei, aufgenommen zu werden. Der fand das ganze Prozedere ziemlich komisch und fühlte sich lebhaft an die Wagner-Oper *Die Meistersinger von Nürnberg* erinnert. Im ersten Akt hatten die Meister darüber abzustimmen, ob der Tenor Walter von Stolzing, der eigentlich kein Meister, sondern ein abgewirtschafteter Ritter ist, aufgenommen werden dürfe. Für Stefan ging die Abstimmung positiv aus, er wurde aufgenommen, war sich aber nicht sicher, diesen in seinen Augen etwas verknöcherten Verein noch einmal aufsuchen zu wollen. Da das Treffen nur alle 14 Tage stattfand, hatte er ja nun Zeit, sich die Sache durch den Kopf gehen zu lassen.

Er tat inzwischen das, was er immer tat, wenn ihm gerade langweilig war, und es war ihm oft langweilig, er tummelte sich mithilfe seines Computers im Internet herum.

Aus dem Internet kam auch die Wendung.

Eines Tages erreichte ihn via Facebook eine seltsame Nachricht. Sie stammte von keinem seiner *Freunde*, sondern schlich sich auf einem Umweg auf seine Seite ein. Sie kam auch nicht vom Absender selbst, sondern über eine Mittelsperson, deren geschlechtliche Identität er gar nicht eruieren konnte, der Name lautete Ljubiša, dem er in Unkenntnis der jugoslawischen Namen nicht entnehmen konnte, ob es sich um eine Frau oder um einen Mann handelte.

Die Nachricht lautete:

Ich hatte in den Jahren 1954 bis 1957 in Linz einen um drei Jahre jüngeren Freund namens Stefan M. Meine Übersiedlung nach Wien riss uns auseinander. Ich gebe zu, ich habe ihn in der Zwischenzeit fast vergessen. Jetzt, da ich alt bin, würde ich ihn gerne sehen, einfach so, ich möchte wissen, wie der hübsche Stefan heute wohl ausschaut. Vielleicht lebt er gar nicht mehr. Als Alter wird man immer mehr in die Vergangenheit zurückgeworfen. Das war's auch schon, wird's wohl auch gewesen sein.

Stefan wusste nicht genau, warum er sich angesprochen fühlte. Aus einer großen Tiefe tauchte die Erinnerung in ihm auf, die ihn sehr berührte. In den genannten Jahren lebte er auch in Linz und ging in die Realschule, wie sie damals hieß. In einem Volkshochschulklub, in den er zufällig auf seiner Suche nach irgendwas hineingeraten war, lernte er einen Burschen kennen, der drei Jahre älter war und Fabian hieß. In dem Klub, der ausschließlich von jungen Leuten beiderlei Geschlechts besucht war, sie waren etwa 20 Personen, ging es um Literatur und klassische Musik. Unter der Anleitung eines sehr versierten Professors, dessen Name Stefan längst entfallen ist, lasen und hörten sie viel, um über das Gelesene oder Gehörte dann zu diskutieren. Immer wenn dieser Fabian etwas sagte, interessierte es Stefan besonders, er faszinierte ihn nach und nach, jedenfalls wurde der Wunsch in Stefan immer drängender, diesen Fabian näher kennenzulernen.

Er lernte ihn näher kennen, sogar sehr nahe. Damals wusste Stefan nicht, was das war, was ihm da geschah. Kurzum, Fabian war schwul. Sie machten miteinander mit dem Fahrrad Ausflüge und es dauerte nicht lang, bis sie bei einer ihrer längeren Ausfahrten aus Wettergründen in einem Gasthof übernachten mussten. Stefan mochte Fabian so sehr, dass er sich im Bett an ihn schmiegte und ihn zu streicheln begann. Der wehrte sich zuerst heftig, erklärte dem Jungen, dass das nicht ginge und dass er doch um drei Jahre älter sei als Stefan. Als Stefan aber Fabians Erektion spürte, drückte er ihm seine in die Hand und es kam sehr bald zum gegenseitigen Ejakulieren. Erst am nächsten Morgen nach dieser in Stefans Erinnerung wunderschönen liebevollen Nacht erklärte ihm Fabian, dass das, was sie hier getan hätten, nicht in Ordnung wäre und dass das auf jeden Fall unter ihnen beiden bleiben müsse. Dennoch trafen sie einander noch mehrmals, und es war fast immer Stefan, der darauf drängte.

Schließlich übersiedelte Fabian nach Wien, ihre Beziehung – Stefan nannte dieses Ereignis später so – war zu Ende.

Nun saß er vor dieser Message, die diesen Schwall einer Erinnerung in ihm geweckt hatte. Und er fragte sich: Bin ich es, den der da sucht? Die Frage quälte ihn, weil die durch sie losgetretene Lawine zu schön war. Wie sollte er aber draufkommen, ob der, der da seinen einstigen Stefan suchte, wirklich Fabian war? *Stefan M.* Das M stimmte auch. Es dauerte eine ganze Woche, bis er sich dazu durchrang, dieser oder diesem Ljubiša zu antworten mit der Bitte, die Verbindung zu ermöglichen, wie immer das ginge.

An den folgenden Tagen war Stefan sehr nervös, als er auf eine etwaige Antwort wartete. Nervös war er, aber vor allem neugierig – und voll dieser Zuneigung, die damals so ungebrochen und fleckenlos war. Er hatte Herzklopfen, wenn er versuchte, sich auszumalen, wie ein Wiedersehen sich wohl abspielen würde. Vermutlich weniger folgenreich, als – aus heutiger Sicht – ihr erstes Zusammentreffen war, damals, als sie beide noch so jung waren. Aber heute? Ein 80-jähriger rüstiger alter Mann, der Stefan nun einmal war und ein, wenn er es wirklich war, 83-jähriger alter Herr treffen einander. Ja, wo wohl? Stefan hatte vor, ihn in seine Seniorenresidenz nach Baden bei Wien einzuladen. Dass er hetero und Fabian schwul war würde wohl keine Rolle mehr spielen, auch seiner Freundin Martha gegenüber nicht. Fabian war schließlich das einzige gleichgeschlechtliche Erlebnis in Stefans Leben. Aber noch wusste er ja gar nicht, ob es wirklich Fabian war, der da seinen Stefan aus den ausgehenden 1950er-Jahren suchte.

Kurz gesagt, er war es.

Ganz vorsichtig meldete er sich. Er unterzog diesen Mann, der sich da als Stefan gemeldet hatte, einer kleinen Prüfung. An einem der damaligen Klubabende besprachen sie eine Oper, mit der sie einen Scherz verbanden. Der Mann fragte Stefan, ob er sich an die Oper erinnerte. Er erinnerte sich, es war Richard Wagners *Tristan und Isolde*. Dann fragte der Mann nach dem Scherz. Auch da wusste Stefan die Antwort. Er war in irgendwelchen ernsten Gedanken versunken, wobei er Fabian anschaute, worauf der sagte: *Schau mich bitte nicht so TRIST AN*, was sie beide zum Lachen brachte. Fragen und Antworten schufen somit die Gewissheit: Der Mann war dieser Fabian und Stefan war der, den dieser Mann suchte. Sie tauschten die Handy-Nummern aus. Es dauerte wieder einige Tage, da rief Fabian an. Es war die Stimme. Stefan erkannte sie sofort. Seine würde Fabian wohl nicht sofort erkennen, denn sie klang sicher etwas älter. Als sie einander kennenlernten, war Stefan 15 Jahre alt, hatte noch eher die Bubenstimme und stand, wie Fabian es genannt hatte, sehr im Babyspeck. Gegenüber damals hatte sich Stefans Gewicht, er rechnete es aus, um 52,7% erhöht. Fabian wohnte in Wien, er fuhr noch mit dem eigenen Auto, Stefan lud ihn ein nach Baden, sie machten einen Termin aus – und eines Nachmittags kam er.

2.

Das Zusammentreffen war von beiderseitigem Herzklopfen begleitet. Jeder schaute den anderen an mit einer Scheu, als wollten sie die Veränderung, die seit ihrer Jugend Platz gegriffen hatte, nicht zur Kenntnis nehmen. Beide waren sie dicker geworden, beide trugen eine Brille, beide waren weit weg von den jungen Burschen, die sie damals waren. So standen sie einander gegenüber und reichten einander förmlich die Hände.

Fabian sagte: „Grüß dich!"

Stefan antwortete: „Hallo!"

Mit leisem Kopfwackeln ergänzte Stefan: „Damals haben wir was anderes gesagt."

Fabian nickte und sagte es: „Griaß di!"

Schließlich rief Stefan: „Warum so förmlich. Immerhin waren wir einander schon viel, viel näher!"

„Sündhaft näher", lächelte Fabian. Sie umarmten sich. Erst als sie ineinander verhakt waren, kam auch inniger, fast krampfhafter Druck. Es dauerte schon einige Sekunden, bis sie einander losließen.

Leichte Rührung klang in Fabians Stimme: „Eine Umarmung nach – wie vielen Jahren?"

Stefan hatte es schon ausgerechnet: „Von der ersten an gerechnet, nach 65 Jahren!"

Es war ein schöner Frühsommertag. Sie setzten sich an den Tisch, an dem Stefan sonst gerne allein saß, eines seiner Bücher las oder sich mit Kopfhörern ein Musikstück anhörte. Ein Sonnenschirm war aufgespannt.

„Gut, der Schirm", sagte Fabian, als er sich unter leisem Ächzen setzte, „ich sitze nicht gerne in der Sonne."

„Noch immer nicht", nickte Stefan, der ein Setzen ohne Ächzen schaffte, wenn auch mit mühsamer Zurückhaltung.

Ihr erster Dialog nach so langer Zeit spielte sich fast im Telegrammstil ab. Stefan erzählte in kargen Stichworten sein Leben. Von der ersten Frau, von der zweiten Frau, von den Söhnen, den Enkelkindern, es war alles schnell und emotionslos aufgezählt.

12

Fabian lächelte: „Also ein voller Hetero."

„Ein Mann halt", Stefan sagte das völlig arglos. Fabian war schließlich sein einziges Abenteuer in die andere Richtung gewesen. In Fabians Richtung. Als er ihn verlor, verlor sich auch die Richtung.

Fabian erzählte, und es klang wie ein liebevoller Konter, dass er immer schon schwul war, dass Stefan aber sein erster Mann war, mit dem er Verkehr hatte. Damit waren sie dort angelangt, wo sie vor 63 Jahren waren, als Fabian nach Wien zog und damit Stefans Welt verließ.

3.

Sie redeten – und suchten einer im anderen den jungen Menschen, der sie vor über einem halben Jahrhundert einmal waren. Die alte Vertraulichkeit war schnell hergestellt. Viele Tage dauerte die Sitzung, in der es sich für Stefan bald mehr und mehr herausstellte, dass Fabian eine Rechtfertigung für die Art seines Lebens suchte.

Stefan sagte es auch: „Es klingt, als wolltest du dich rechtfertigen für deine Art zu lieben."

Lang schaute Fabian Stefan an. Dann sagte er: „Die Augen sind geblieben. Und das Lächeln. Die Jugend."

Stefan wusste, dass er damals noch sehr ein Bub war. Aus heutiger Sicht wäre er vielleicht sogar ein Missbrauchsfall, was er für sich aber sofort korrigieren musste, weil er sich sehr genau erinnerte, dass er selbst es war, der Fabian seine Erektion in die Hand gedrückt hatte.

„Du hast mich verführt", sagte Fabian denn auch. „Die klassische Lolita-Situation?"

„Ich habe doch nichts gewollt von dir. Ich wollte nur, dass du meine Liebe bemerkst."

Fabian nickte: „Und ich war sehr überrascht. Und überwältigt."

„Machst du dir Vorwürfe?"

Lang dachte Fabian nach, schaute vor sich hin, schaute in sich hinein, schüttelte leise den Kopf, fand wohl nicht gleich, was er suchte, oder wusste nicht, was er suchte. Als Fabian dann doch redete, hatte Stefan das Gefühl, als versuchte er, seine suchenden Gedankengänge in Worte zu kleiden.

„Was wir getan haben – damals – war ein Verbrechen – damals. Du musst nicht erschrecken. Sehr viele sexuelle Beziehungen haben damals als Verbrechen begonnen. Es waren nicht nur die Gesetze, es waren viel mehr die moralischen und sittlichen Engpässe, die mich zum Täter und dich zum Opfer gemacht haben. Der sogenannte normale Bereich war schon gelockert. Die Zeiten, in denen die Braut so lang ihre Jungfräulichkeit bewahren musste, bis der Bräutigam in der Brautnacht sie – oft recht brutal – durch einen Stoß beendete war längst vorbei. Kein blutiges Leintuch wurde mehr triumphierend der versammelten Familie und den männlichen Freunden zum Beweis vorgelegt, Jubel und Applaus waren der Hochzeitsnacht längst verwehrt. Der sogenannte voreheliche Verkehr war gang und gäbe geworden, die Hochzeitsnacht war zumeist gar nicht das erste sexuelle Zusammentreffen der Frischgetrauten. Aber unser Sex, Stefan und Fabian, zwei männliche Wesen, der Sex, den wir beide hatten, kannte keine Ehe, keine Vorehe, keine blutrünstige Entjungferung, sondern einfach und nur – und jetzt stocke ich. Einmal ist es der ganz gewöhnliche Sex um der Befriedigung

14

willen, ein andermal eine aus Zuneigung, aus Liebe entstammende Vereinigung, sozusagen ein Zusammenfließen, ein Eins-werden-wollen. Damals, als wir zusammenkamen, war vor allem ich ein Verbrecher, in mehrerlei Hinsicht. Erstens war das überhaupt verboten. Zweitens: Du warst 15, also unmündig, ein Kind. Ich war 18 und noch nicht volljährig – das wurde man erst mit 21. Die juridische Tatsache ist: Ich, der Ältere, noch nicht Großjährige, habe mit einem Kind sexuelle Handlungen begangen. Ich weiß schon und du betonst es immer wieder, wie um mich freizusprechen, dass du angefangen hast. Das hat mich auch sehr überrascht. Aber wir lagen nackt in einem Bett, unter einer Decke. Wir haben uns im Dunkel ausgezogen."

„Ausgemacht war bis auf die Unterhose."

„Ich zog mich gegen die Abmachung ganz aus, du aber auch. Wir hatten in dem Gasthof ein Zimmer mit getrennten Doppelbetten, wir schlüpften jedoch zusammen in ein Bett. Ich bekam eine Erektion, du bekamst eine Erektion, du hast die meine ergriffen und mir die deine in die Hand gedrückt. Das hat schon eine gewisse Ähnlichkeit mit der klassischen Lolita-Situation."

„Und wenn du mir jetzt auch noch sagst, wovon du sprichst?"

„Der Schriftsteller Vladimir Nabokov hat, ich glaube 1955, also etwa zu unserer Jugendzeit einen Roman mit dem Titel *Lolita* geschrieben. Ein pädophiler Mann wurde zur einzigen Bezugsperson eines zwölfjährigen Mädchens. Es entstand eine Beziehung, die für ihn die Erfüllung seiner Träume war. Der Roman endet für beide tragisch. Wir haben es besser erwischt, die Tragik blieb uns erspart. Mein Umzug nach Wien war wohl für uns, vor allem für mich, aus heutiger Sicht eine glückliche Fügung des Schicksals. Mir ist erspart geblieben, zu sehen, wie du das wirst, was du bist: Ein Hetero. Aber unsere Ausgangssituation, wenn ich das triviale Wort für den Anfang einer der schönsten Nächte meines Lebens verwenden darf, hat schon eine frappierende Ähnlichkeit."

Stefan drängte es zu einer Frage: „Bist du pädophil?"

Da lachte Fabian, und es war kein verlegenes Lachen, sondern ein wegwischendes: „Nein. Nein. Du warst der Jüngste. Der Erste und der Jüngste. Wenn ich uns heute anschaue, dann sind die drei Jahre ja auch kein Altersunterschied. Aber damals standen wir beide am Beginn unseres sexuellen Lebens. Ich habe dich gefragt, ob ich deine erste sexuelle Beziehung bin und du hast gesagt, ja."

„Worauf wir es gleich noch einmal gemacht haben!"

„Und es war gleich noch schöner als das erste Mal."

„Du erinnerst dich auch sehr genau."

„Es macht mich heute noch atemlos. Und es nagt in mir."

„Noch einmal: Machst du dir Vorwürfe?"

Fabian nickte sehr heftig, es wirkte aber irgendwie gottergeben: „Die Frage begleitet einen Schwulen sein ganzes Leben lang. Ich habe die Zeit nicht mehr erleben müssen, in der man schwule Männer ins Gefängnis gesteckt hat, oder in ein KZ, wo die Schwulen als verurteilte Straftäter Insassen der letzten Klasse waren. Alte Freunde, die noch ins KZ mussten, haben mir später erzählt, wie sie von den anderen, sozusagen ordentlichen Insassen und auch vom Aufsichtspersonal benützt wurden. Oder man wollte sie umpolen mit grausamen und absurden Hormonkuren, wie etwa den genialen englischen Mathematiker Alan Turing. Dieser wurde 1952, also auch schon fast zu unserer Zeit, wegen seiner Homosexualität, die damals noch als Straftat verfolgt wurde, zu einer chemischen Kastration verurteilt. Er erkrankte in Folge der Behandlung an einer Depression und beging etwa zwei Jahre später Selbstmord. Im Jahr 2009 hat sich der damalige britische Premierminister Gordon Brown offiziell im Namen der Regierung für die, wie er sagte, entsetzliche Behandlung Turings entschuldigt. Du siehst also, in welch gefährlicher Welt wir unsere so glückliche Nacht verbrachten."

„Noch einmal: Machst du dir wegen mir Vorwürfe?"

„Ich bin kein schlechter Mensch. Ich war nie ein schlechter Mensch. Aber die herrschenden Gesetze haben uns als schlechte Menschen sehr genau definiert. Sie haben die Art und den Inhalt unserer Straftat juridisch hieb- und stichfest beschrieben und die Sanktionen gleich dazu. Ein Verbrechen muss gesühnt werden. Bis zu fünf Jahre Kerker drohten, wenn man erwischt oder angezeigt und verurteilt wurde. Bis 1971 galt dieses Gesetz. Da war ich immerhin schon 32 Jahre alt. Seit unserem Beisammensein vergingen also 14 Jahre, die ich als geheimer Verbrecher lebte, weil ich meinen Sex hatte. Und auf meine Art liebte. Hätte ich dich vor Beginn unserer Nacht informieren sollen, dass du dich mit mir auf ein Verbrechen einlässt?"

„Hast du das alles, was du mir jetzt erzählst, damals gewusst?"

„Das ist es ja. Nein, ich habe gar nichts gewusst. Nichts von den Gesetzen, nichts vom KZ, nichts von Hormonkuren, ich habe nicht einmal gewusst, dass unsere sogenannte Handlung homosexuell war, ich habe überhaupt nicht gewusst, was homosexuell ist, ich habe nicht einmal das Wort gekannt. Ich habe einfach vor mich hin geliebt und vor mich hingelebt. Und du warst mein erstes Glück, das ich für mich ganz allein, fern aller Erziehung, weit weg von meinen Eltern, weit weg von allen moralischen Einwendungen erlebt habe. Und bevor du jetzt etwas antwortest: Wenn ich deiner Lebensgeschichte glauben darf, dann habe ich dich nicht verführt oder verdorben oder auf eine falsche Bahn gelenkt. Du hast mir nach 65 Jahren die Absolution erteilt."

„Muss man einen Schwulen freisprechen, damit er glücklich ist?"

„Das schlechte Gewissen haben uns die Gesetze aufgezwungen. Bis in das Jahr 2002 galt für uns der § 209, der das Schutzalter für Männer mit 18 Jahren festlegte. Dieser Paragraf gehört neben seiner Gefährlichkeit zu den wohl skurrilsten Auswüchsen österreichischer Jurisprudenz. Er war der Kaufpreis dafür, dass die Konservativen unserer Straffreiheit zugestimmt haben."

„Das hätte unseren Fall betroffen."

Fabian nickte: „Ich war der Ältere, du nach dem Gesetz noch ein Kind, auch wenn du, du musst mich nicht daran erinnern, bereits ein voll entwickelter Mann warst. Mit dir selbst durftest du spielen, mit mir nicht. Da du ein Kind warst ..."

Stefan musste ihn unterbrechen: „Hör' auf, dauernd von einem Kind zu sprechen. Ich war ein junger fertiger Mann. Ich konnte schon seit über einem Jahr onanieren."

Fabian nickte bedächtig und blieb hartnäckig: „Dennoch lag die volle Verantwortung bei mir, ich war 18 Jahre alt, noch nicht großjährig, nicht wahlberechtigt – und strafbar. Es war ein sehr dichtes Gestrüpp, in dem wir uns vergnügt haben."

Stefan musste lachen: „Ein Gestrüpp, von dem wir gottlob nichts gewusst haben."

Fabian seufzte tief: „Wir waren schlichtweg glücklich." Vehement sprach er weiter: „Darf ich dir etwas sagen? Nein, ich sage es dir einfach. Die kurze Zeit mit dir war die glücklichste meines ganzen Lebens. Wenn ich jetzt Tränen in den Augen habe, verzeih mir bitte. Du bist schuld."

Fabian hatte tatsächlich Tränen in den Augen, Stefan aber auch. Schließlich sagte Fabian sehr nachdenklich und sehr leise: „Wie sagt man heute: Wir waren auf Augenhöhe."

Stefan konnte ihm nur heftig zustimmen: „Wir waren damals das, was wir jetzt wieder sind. Zwei Männer mit einem Altersunterschied von drei Jahren."

Fabian aber war mit seinen Gedanken noch nicht fertig: „Ja. Damals. Dann verzweigten sich unsere Lebenswege. Ich bin schwul, du hetero. Bist du jetzt der bessere Mensch? Oder der bessere Mann? Du hast immerhin Kinder gemacht."

4.

Martha, Stefans alte Freundin in der Residenz wollte dem netten Herrn, wie sie so schön sagte, ihre Aufwartung machen. Sie hatte einen Hauch von der Unterwürfigkeit einer Hofdame.

„Sind Sie auch wie mein Stefan verwitwet?"

Abgesehen davon, dass er die Frage etwas eigenartig fand, war Stefan doch neugierig auf Fabians Antwort: „Nein. Ich bin verheiratet."

Nun staunte Stefan schon ein wenig und nahm sich vor, dies noch zu hinterfragen.

„Wieso bietest du deinem Gast, wie war doch sein Name?"

Der Gast verbeugte sich leicht im Sitzen: „Fabian."

„Warum bietest du dem Herrn Fabian nichts an? Ich hol euch was. Sie trinken doch Kaffee?"

Die Antwort wartete sie gar nicht ab, sondern ging zum Nachmittagsbuffet, entlockte dem Automaten zwei Schalen Kaffee, angelte sich zwei kleine Teller, auf denen schon Kuchen lag, platzierte alles auf ein kleines Tablett und servierte elegant auf den Tisch der beiden.

„Sehr gekonnt, wie Sie das machen", lobte Fabian.

„Wir hatten ein kleines Café."

„Wir?"

Stefan antwortete an ihrer Stelle: „Ihr verstorbener Mann und sie. Die zwei Kinder wollten den Betrieb nicht übernehmen."

„Sie hätten den Laden ohnedies nur heruntergewirtschaftet", sagte sie mit leichter Bitternis in der Stimme.

„Sie hat nach dem Tod ihres Mannes alles verkauft."

„Gut verkauft", betonte sie.

Stefan schmeichelte: „Etwas anderes hätte ich von einer so tüchtigen Frau gar nicht erwartet."

Sie wollte nicht weiter stören und ging. Fabian schien es, als hätte sie fast einen Knicks gemacht.

„Zu ihrer Tarockpartie. Sie braucht die Ablenkung."

Fabians Schweigen fasste Stefan als Frage auf: „Das mit ihren Kindern – es war erst vor drei Jahren – und es ist ihr doch sehr nahegegangen."

Sie taten den Zucker in den Kaffee, öffneten vorsichtig die kleinen Milchbehälter, mit denen man im Flugzeug

zumeist den Nachbarn anspritzt und rührten lang um.
Beide starrten sie in ihre Kaffeetasse.

„Kinder", unterbrach Fabian die nachdenkliche Stille.
„Da hast du dir viel erspart!"

„Kinder sind doch der Zweck des menschlichen
Zusammenseins. Eigentlich."

„Wolltest du Kinder haben?"

Fabian holte aus: „Das ist auch eine dieser Fragen, die
uns immer wieder gestellt werden. Die stehende
Antwort ist, ja, natürlich wäre das schön gewesen.
Möglichst unverbindlich soll die Antwort klingen.
Möglichst wenig Angriffsfläche soll die Antwort bieten.
Die Heteros dürfen bewusst und absichtlich keine Kinder
kriegen, aus wirtschaftlichen Gründen, oder aus
beruflicher Motivation. Uns aber wird vorgeworfen,
dass wir nicht für den Erhalt der menschlichen Spezies
zur Verfügung stehen."

„Hast du nie mit einer Frau geschlafen?"

„Ich mit ihr? Nein. Sie mit mir. Und das schon vor langer
Zeit. Ich hatte nur eine Angst: Dass ich ihr ein Kind
mache und sie dann heiraten muss. Damals war das so.
Da gab es den Satz mit der geheimnisvollen Botschaft,
sie MÜSSEN heiraten, begleitet von einem vieldeutigen
Seufzen und dem achselzuckenden Nicken, du hast
verstanden? Nein. Ich war ein Dildo, nichts anderes. Die
Zufriedenheit war groß."

Stefan erinnerte sich: „Ich kenne den Dildo."

Die Gesprächswendung schien Fabian nicht zu passen:
„Du hast Kinder, die sich nicht um dich kümmern …"

„Sie leben ihr eigenes Leben …"

„… und deine Martha? Ihr Lebenswerk haben ihre
Kinder abgelehnt."

„Auch sie leben ihr eigenes Leben."

„Jaja", sagte Fabian fast etwas zu laut, er bemerkte es selbst und dämpfte sich. „Du hast Kinder. Deine Freundin hat Kinder. Ich bin schwul und habe keine Kinder. Machen die Kinder den Unterschied? Bin ich deshalb minderwertig?"

„Wer sagt denn das?"

„Im Augenblick niemand. Dennoch höre ich es. Und ich spüre es."

„Einbildung!"

Fabian wackelte komisch mit dem Kopf und wurde schnell sehr ernst: „So einfach ist das nicht. Es ist noch gar nicht lange her, da hatte meine Art zu lieben einen Namen: Unzucht. Die Definition der Unzucht lautet: Jeder Geschlechtsverkehr, der nicht der Zucht dient, ist Unzucht. Ich hätte also, um ein gleichwertiger Mensch zu sein, der Zucht zu dienen. Zucht! Wie bei den Viechern! Unsere Minderwertigkeit bestand somit darin, dass wir nicht der Zucht des Menschengeschlechts dienen. Derzeit werden etwa 50 % der Ehen in unserem Land geschlossen mit dem festen Vorsatz, nur ja keine Kinder zu kriegen. Die Wirtschaft, der Beruf, eine schwangere Frau macht nur Probleme und so weiter. Ich zeuge keine Kinder, weil ich nicht kann. Die 50 % Ehepaare zeugen keine Kinder, weil sie nicht wollen. Minderwertig? Wieso bin ich minderwertig? Nur, weil die einen es nicht tun, obwohl sie könnten, und ich es nicht tue, weil ich nicht kann? Nebenbei gesagt: Es gibt nichts Einfacheres, als eine Frau zu schwängern. Wenn die Reibflächen stimmen, Augen zu, Fantasie auf – und durch. Ein schwuler Mann ist nicht automatisch impotent. Noch einmal: Wer nicht der Zucht dient, ist minderwertig. Eine Frau hat mich sogar einmal Ausschuss genannt."

„Das ist historisch. Das WAR so. Das redet ihr Schwulen euch ein. Niemand sagt heutzutage mehr, schwule Männer sind minderwertig."

„Und die ganze rechte Reichshälfte? Die großen Religionen? Die katholische Kirche hat Mitleid mit mir und sagt, meine Homosexualität sei gar keine Sünde, nur die Ausübung derselben. Sag' jetzt bitte nicht, dass die Kirche gefälligst in ihren eigenen Reihen nachschauen möge. Die dort aufgeflogenen schwulen Exzesse sind nur deshalb so peinlich, weil sie eben bei den sittenstrengen Hütern der Moral passiert sind. Ich habe Mitleid mit den Aufgeflogenen, auch wenn sie in ihren Predigten vermutlich pflichtgemäß reines klares Wasser gepredigt, während sie daheim vom sündigen Wein genossen haben. Ich hatte selbst eine etwa ein Jahr lang dauernde Affäre mit einem Pfarrer. Er war ein sehr guter Pfarrer, er war ein sehr beliebter Pfarrer. Und er war ein wunderbarer Liebhaber. Er wurde, wie man bei uns sagt, vernadert und in irgendein Kaff versetzt. Ende."

5.

Stefan gab dem Gespräch eine andere Richtung.

„Du warst also damals schon schwul."

„Und du hetero. War ich dein einziger Ausrutscher?"

Das gefiel Stefan nicht.

„Ausrutscher ist falsch. Ja, du warst mein einziges Erlebnis dieser Art. Und ich habe dich geliebt. Hörst du? Geliebt. Wie ich vielleicht nachher nie wieder einen Menschen geliebt habe. Ich habe mein Leben lang diese erste Liebe gesucht."

„Mit den Frauen. Du hast dein Leben in Ordnung gebracht."

Stefan fragte sich: *Warum redet er so?*

„Quälst du dich selbst? Quälst du dich gern? Es klingt so, als fändest du eine Genugtuung darin, dass mein Leben, wie du sagst, in Ordnung, und dein Leben folglich in Unordnung verlaufen ist. Siehst du dein Leben tatsächlich als gelebte Unordnung? Du bist doch was geworden, oder?"

Fabian nickte, deutete aber den Vorbehalt an:

„Trotzdem."

„Trotz was?"

„Trotz meines anderen Lebens."

„Welches andere Leben?"

„Anders. Andersartig. Abartig. Pervers. Wie immer man das nennt."

„Nannte!"

„Nennt!"

„Warum hältst du so hartnäckig an diesen Bezeichnungen fest? Gefallen sie dir? Sind sie das, was dich von den anderen unterscheidend abhebt? Macht dich das zu etwas Besonderem?"

Fabian polterte nicht mehr: „Anders sein ist automatisch auch etwas Besonderes."

Es fiel Stefan schwer, nicht böse zu lachen: „Du beklagst deine Minderwertigkeit. Aber auf diese Anderswertigkeit legst du Wert? Kannst du mit keinem anderen persönlichen Wert aufwarten als mit deinem Schwulsein?"

Sehr langsam antwortete der Gemaßregelte: „Du wendest jetzt alle Argumente gegen mich. Ich bilde mir ein, anders zu sein, sagst du. Ich betrachte mich als minderwertig, sagst du. Aber wer hat uns denn zu Anderen gestempelt? Wer waren denn die, vor denen wir uns verstecken mussten? Wer hat denn die

24

Gerichtsurteile gegen uns gesprochen? Wer hat uns denn ins Gefängnis geworfen? Ins KZ?"

„Hör' doch auf. Du warst nie im Gefängnis."

„Oh doch. Einmal. Im Jahr 1968, drei oder vier Tage nach der sogenannten Uniferkelei in Wien. Ich war mit meinem damaligen Freund in der *Alten Lampe*, meinem Lieblingslokal. Es war gerammelt voll, nur Schwule, andere wurden gar nicht hineingelassen. Einmal in der Woche hatten wir Polizeibesuch. Wir waren schließlich ein Milieu. Das Homosexuellenmilieu, in dem sie immer als erstes suchten, wenn irgendwo eine sexuelle Schweinerei angezeigt wurde. In dem Lokal waren wir unter uns. Es war wunderschön. Man musste anläuten, durch ein kleines Fensterchen schaute der Wirt hinaus, erst wenn die Kontrolle zufriedenstellend war, durfte der Gast eintreten. Einmal in der Woche stand Polizei draußen, immer zwei Polizisten, meist jüngere, oft sogar sehr fesche. Für diesen Fall hatte der Wirt gleich neben der Türe fast unsichtbar einen Knopf, wenn er den drückte, gab es ein leises Klingelzeichen und das Licht flackerte kurz, aber deutlich. Sofort wurden wir anständig und spielten Karten, diskutierten, jedenfalls war da nichts, was Anstoß erregen hätte können. Die beiden Polizisten lehnten an der Theke, tranken ihr Bier, selbstverständlich auf Einladung, und observierten uns sehr lässig. Ich weiß nicht mehr, welcher Teufel mich damals geritten hat, aber ich gab meinem Freund einen Kuss, einen ziemlich langen. Ich war noch nicht fertig, da spürte ich schon eine Hand auf meiner Schulter, sie gehörte einem der Polizisten, der nun sagte: *Das hättest du jetzt nicht tun sollen, Burschi.* Ich war damals schon 29 Jahre alt. *Mitkommen. Alle zwei!* Sie stopften uns auf die Rückbank eines grünen VW-Käfers und brachten uns in das nächste Kommissariat. Dort nahmen sie sehr höflich unsere Personalien auf. Als sie fertig waren, dachten wir, jetzt gehen zu können. Wir mussten aber dableiben und wurden in einen durch mehrere Zaungitter unterteilten Raum geführt. Dort wiesen sie uns eine Doppelzelle an und sperrten nicht einmal zu, damit wir im Fall des Falles aufs Klo gehen konnten. Mein Freund und ich verbrachten eine sehr innige Nacht. Um Punkt sieben Uhr in der Früh wurden wir entlassen, genau genommen höflich hinausgeschmissen."

Fabian schwieg und schaute sein Gegenüber an, er wollte ihm doch mitteilen, dass er sehr wohl im Gefängnis war. Da er nicht weiterredete, musste Stefan antworten: „Das eignet sich doch bestenfalls für eine Anekdote."

„Ja", gab Fabian ihm recht, „aber es war legitim, uns wegen eines Kusses zwischen zwei Männern eine Nacht lang festzusetzen. Und wir waren aktenkundig, registriert als zwei Schwule, die in flagranti erwischt worden waren. Zusammenfassend: Ich weiß schon, wovon ich rede."

„Die Gesetze haben euch zu Anderen gemacht."

„Sage ich doch. Und wer hat die Gesetze gemacht, die uns zu Anderen machten?"

„Das ist doch alles vorbei. Ich meine die Gesetze."

„Aber die geheimen Gesetzgeber gibt es noch immer, glaub' mir!"

„Hast du Angst?"

„Zurzeit nicht. Alle, die mich kennen, wissen, dass ich schwul bin. Wie sie mich bewerten, es ist mir egal."

„Wo auf deiner Waage bist du?"

„Unten. Die auf der anderen Schale sind Leichtgewichte."

6.

Stefan wollte mehr wissen: „Du warst damals 18 Jahre alt. Und schwul. Wann bist du schwul geworden? Wie wird man schwul? Und wie merkt man das?"
Fabian schaute ihn drollig an: „Viele Fragen auf einmal. Und jede wäre anders zu beantworten. Ja, ich war damals 18 Jahre alt und stand vor der Matura. Und ich war schwul. Du fragst, wann ich schwul geworden bin? Schwul WIRD man nicht, schwul IST man."
„Ich habe da ein Buch von Peter Fässlacher gelesen: *Wie man wird, was man ist*. Ist das nicht ein Widerspruch in sich? Ich meine, man IST, was man IST."
„Nein. Wann IST man etwas? Wenn es gesichert ist, wenn es steht, wenn es fest ist. Es muss werden, um zu sein. Auf dem Weg zum Sein gibt es viele Hürden. Ich bin schwul, aber ich weiß es nicht. Ich bin schwul, aber ich kenne es nicht. Ich bin schwul, aber ich mag es nicht, weil ich von anderen höre, wie peinlich das ist. Ich bin schwul, aber ich muss zur Kenntnis nehmen, dass ich so bin. Und so weiter! Erst wenn ich alle diese gedanklichen Hindernisse erfolgreich überwunden habe, kann ich von mir sagen, jetzt bin ich das GEWORDEN, was ich BIN. Jetzt weiß ich es, jetzt kenne ich es, jetzt mag ich es, jetzt will ich es. Ich bin ich geworden. Und ich habe mich akzeptiert, weil ich es musste, weil es keinen anderen Weg gab. Erst jetzt bin ich komplett. Ich bin schwul. Ich habe jetzt kein Problem mehr damit. Wenn da ein Problem ist, dann haben es die anderen."
Stefan staunte: „Diese Stadien hast du alle durchgemacht?"

„Nicht alle, aber einige."

„Ich muss dir jetzt eine eigenartige Frage stellen: Warst du damals schon das, was du bist?"

Fabian lachte: „Ja und nein. Ich war schwul, das ist evident. Aber ich wusste nicht, dass das eine Kategorie ist, eine Schublade, in der man für die, die einen beurteilten, fürderhin lebte."

„Du warst schwul und hast es nicht gewusst?"

„Stefan, ich habe dich gesehen und ich habe dich nach und nach zu lieben begonnen. Mit meinem ganzen Herzen, meinem ganzen Gefühl und meinem ganzen Körper. Das Einzige, was ich nagend wusste war, dass ich mich mit einem so jungen Buben wie dir nicht in ein Bett legen sollte. Noch dazu nackt."

„Ich war auch nackt."

„Und beide waren wir bereit!"

„Ich habe angefangen!"

„Und ich hätte es nicht zulassen dürfen."

„Das war nicht zu bremsen."

„Unaufhaltsam!"

„Und ich war glücklich!"

„Ich auch!"

Die Pause war voll von Rührung, beide waren sie tief bewegt. Sie redeten nicht weiter, weil ihnen die Stimme weggebrochen wäre. Das wäre ihnen vermutlich peinlich gewesen. Beiden.

Stefan musste dennoch ein Ende finden: „Zwei Menschen waren glücklich. Was kann daran schlecht sein?"

Langsam sagte Fabian: „Nichts ist daran schlecht. Gar nichts. Es war nur nicht erlaubt. Damals. Es war verboten. Es war anstößig. Es war unanständig. Es war schweinisch. Es war verachtenswert. Es war pervers …"

„Wieso badest du so genüsslich in dieser Wortschatzübung? Seid ihr Schwule Masochisten?"

„Das war die Welt, in der wir damals unser Glück hatten. Das war die Welt, in der ich dann weiterlebte. Das war die Welt, die du rechtzeitig verlassen hast."

„Ich bin nicht schwul. Willst du mir das zum Vorwurf machen?"

„Sei nicht dumm, Bub!"

„Bub hast du damals auch immer zu mir gesagt."

„Braucht ihr was?", frage Peters Freundin Martha vom anderen Tisch herüber.

Nein, sie brauchten nichts.

7.

Martha war froh, dass ihr Stefan mit Fabian so beschäftigt war. Sie wusste mittlerweile, dass sie eine Jugendbekanntschaft waren. Die pikanten Einzelheiten hatte ihr Stefan allerdings verschwiegen. Sie spielte Tarock, immer in derselben Runde. Es sah schon nach Spielsucht aus, aber sie spielten nicht um Geld, führten jedoch eine, wie sie es nannten, ewige Liste, in der sie alle Spielstände notierten und aufbewahrten. Einmal pro Woche erstellten sie ein Ranking, das Martha von Anfang an anführte. Sie war zufrieden, während Stefan sich an Fabian abarbeitete, der offensichtlich dabei war, sein schwules Leben zu entschlüsseln. Gleichzeitig formte sich in Stefan ein Bild von ihm, eine Art Psychogramm, das allerdings noch keine Linie hatte, dafür viele Löcher, die nur Fabian füllen konnte.

Den Kaffee holten sie sich selbst, auf den trockenen Kuchen verzichteten sie.

„Noch einmal", fing Stefan an, „wann bist du schwul geworden? Wie bist du schwul geworden?"

Fabians Antwort war sehr einfach: „Merk' es dir endlich: Ich war immer schwul. Seit ich denken kann bin ich schwul."

„Du hast am Land gelebt."

„Bis ich zehn Jahre alt war."

„Wieso weißt du, dass du damals schwul warst?"

Fabian dachte kurz nach, sein Blick verlor sich irgendwohin: „Ich war gerade 19 Jahre alt, da habe ich alles erfahren."

„Rückschauend."

„Rückschauend. Mein bisheriges Leben entschlüsselte sich. Mir wurde alles klar."

„Was – alles?"

Jetzt tauchte Fabian sehr weit weg: „Da war die sehr weit wegstehende Lederhose des Willi. Alle Buben trugen im Sommer damals speckige Lederhosen, die ziemlich steif waren. Und keine Unterhosen. Ich sah Willis Spatzi, wie meine Mama das meine nannte. Es lugte hervor und es gefiel mir. Immer wieder schaute ich den Buben in die Hose. Mit dem Franzi, einem Mitschüler, ging ich unsere Schulausflüge immer Hand in Hand. Das fiel nicht auf, weil wir in Zweierreihen gingen. Der Franzi war ein Bauernsohn, seine Handflächen waren hart, schwielig. Er bekam schulfrei, wenn Erntezeit war und war sehr stark, er konnte die schwersten Sachen mühelos heben. Seine Hände haben sich an den meinen gerieben. Ich kann es heute noch spüren, heute noch, jetzt."

Stefan ließ Fabian Zeit für seine Erinnerung, bevor er fragte: „Was ist aus dem Franzi geworden?"

„Du fragst, ob er schwul war? Ich weiß es nicht. Ich habe meine Kindheit, als wir nach Linz übersiedelten verloren."

„Hast du dir aus diesen Erlebnissen deine schwulen Wurzeln zusammengebaut?"

Er schüttelte den Kopf: „Da waren die Mädchen. In unserem Haus wohnte ein gleichaltriges Mädchen, die Brigitte. Einmal habe ich sie nackt gesehen und bin sehr erschrocken. Die hatte da unten nichts. Absolut nichts. Ein Nichts war das, das mich entsetzte. Welch ein Unterschied. Wir Buben, der Willi, der Franzi, ich, wir haben da unten was. Die Mädchen haben da unten nichts. Den Mädchen fehlt etwas, so empfand ich es, sie sind nicht komplett, sie sind nicht vollständig, sie sind unvollständige Menschen."

Er hielt inne und starrte so ungläubig vor sich hin, dass Stefan ihn fragen musste: „Ist es dir peinlich, über all das zu reden?"

„Peinlich?", lachte Fabian unfroh. „Ja, das ist es, wenn ich es sage. Aber nicht, wenn ich es empfinde."

„Hast du noch Empfindungen von damals?"

„Die schwieligen Hände des Franzi, ja. Alles andere sind Erinnerungen, die sich zusammenfügen. Du hast mich gefragt, wann ich schwul geworden bin. Ich habe dir geantwortet, dass ich immer schwul war."

Fast fröhlich war er jetzt, als er mit demonstrierender Attitüde sagte: „Quod erat demonstrandum."

„Ihr redet Latein?"

Martha war soeben vorbeigegangen.

8.

Da war so vieles offen, Stefan musste weiter fragen: „Du hast von deinem 19. Lebensjahr gesprochen. Was war denn da?"

„Mit 19 habe ich alles begriffen. Alles."

31

„Da fehlen aber noch acht oder neun Jahre. Immerhin waren das die Jahre deiner Pubertät. Deine Adoleszenz, wie es etwas gelehrter klingt."

„Am Ende dieser Jahre lernten wir beide einander kennen."

„Das war also noch vor dem Jahr deiner Erleuchtung."

„Du spottest – und sagst dennoch das Richtige."

„Hast du in den bisherigen Jahren etwas entdeckt, das schuld sein könnte, dass du dich vom weiblichen Geschlecht abgewendet hast?"

Fabian lachte schäbig: „Ja, das hätten unsere Gegner gern: Einen Grund, eine Ursache in unserem eigenen Leben zu finden, weil sie dann eine Behandlung entwickeln könnten, eine Therapie, physisch oder psychisch. Wie Kranke wollte man uns behandeln, wie psychisch Geschädigte, Traumatisierte, von verbrecherischen Verführern Umgepolte und so weiter. Jedenfalls suchte man nach Möglichkeiten der Reparatur. Elektroschocks, Hypnose, sogar Hormonkuren wurden eingesetzt."

„Ich weiß, Alan Turing ..."

„Er war eines der bekanntesten Opfer dieser verbrecherischen Umpolungsversuche. Um deine Frage zu beantworten: Nein, ich habe nichts entdeckt, das mich schwul gemacht haben könnte."

„Der Schock über die fehlende Anatomie des Mädchens ..."

„Das hat sich schnell erledigt. Wir hatten eine Hausgehilfin namens Poldi. Ein Mädel von 14 Jahren. Als ich acht Jahre alt war, interessierte sie sich sehr heftig für meinen Penis, der natürlich für sie noch unbrauchbar war, aber spielen konnte sie damit. Dabei werkte sie bei sich dort immer heftiger herum, wo nichts war, und gab seltsame Laute von sich, worauf sie die Sitzung abrupt beendete, alles in ihrer rosa Hose verschwinden ließ und mich beschwor, der Mama nichts zu sagen. Ich fand das Geheimnis lustig und hielt mich an mein Versprechen."

„Und der Papa?"

„Papa war zuerst im Krieg, dann ab 1947 arbeitete er in Linz und war während der Woche nicht da."

Stefan rechnete nach: „Du warst also deine ersten sieben Jahre ohne Vater."

Fabian nickte lächelnd: „Jaja, die These mit dem fehlenden Vater. Wenn das ein Grund wäre, schwul zu werden, dann müssten die Jahrgänge 1938 bis etwa 1944 nur schwule Männer hervorgebracht haben, weil fast überall der Vater im Krieg war."

Stefan nickte: „Das war wohl auch kein Grund, schwul zu werden."

„Du tust so", begehrte Fabian auf, „als würde man den Entschluss fassen, schwul zu werden. Noch einmal: Schwul IST man. Im Gymnasium schlugen sich noch einige wesentliche Komponenten hinzu. Wir waren eine reine Bubenklasse. Du ahnst sicher, was jetzt kommt, der Turnunterricht. Wir hatten zweimal zwei Stunden pro Woche Turnen. Von der ersten bis zur vierten Klasse war die Schule für mich ein reiner Lerntempel. Keiner meiner Mitschüler gefiel mir. Ich wuchs in einer Siedlung auf, die aus lauter zweistöckigen Mietshäusern bestand. Wir hatten nur eine Viertelstunde zu gehen, um in eine mit wilden Weiden bewachsene Landschaft zu gelangen, in der sich gut versteckte Spiele spielen ließen. Das ganze pubertäre Repertoire haben wir abgezogen. Herbert war der erste, der schon ejakulieren konnte, was er uns ziemlich mühevoll vorführte. Seine

Bemühungen sahen gar nicht nach Vergnügen aus, selbst wenn er am Schluss, bevor *es gekommen ist*, immer sehr glücklich dreinschaute. Ich dachte, er macht jetzt ein ziemlich blödes Gesicht. Bald begann auch ich mit den Vorführungen, dann kam der Wolfi. Als der einmal meinte, wir sollten doch auch *die Weiber* einbeziehen, winkte ich ab mit der Bemerkung, dass bei denen dort nicht viel los sei, obwohl ich natürlich schon wusste, dass diese Gegend des weiblichen Körpers mit dem Kinderkriegen eng verbunden war. Bei so viel männlicher Nacktheit hatte ich für meine Fantasien genug Stoff. Etwas anderes brauchte ich nicht. Ab der fünften Klasse mussten wir nach dem Turnen immer duschen. Wir hatten eine dieser damals in Sportanstalten üblichen Gemeinschaftsduschen. Nun konnte ich meine Klassenkameraden nackt bewundern, musste mich allerdings manchmal in eine Ecke drehen, damit sie die Wirkung nicht sehen konnten, die ihr Anblick bei mir auslöste. Einen einzigen, den Manfred, entdeckte ich in der anderen Ecke. Er hat mein Problem offenbar bemerkt und zeigte mir verstohlen seines. Zu einem Zusammentreffen aber kam es nie, weil vermutlich keiner von uns dem anderen gestehen wollte, dass er zu einer Gemeinsamkeit bereit war. Bei mir war es jedenfalls so."

Stefan musste lächeln: „Wie liebevoll du das alles beschreibst. Ihr wart beide affengeil und habt euch nicht getraut."

„Ich kannte damals schon den sehr abfälligen Begriff *Warme*. Ich wusste nur, dass Warme angeblich sehr weibisch sein sollten und andere Männer mochten. Meine Mitschüler protzten schon mehr oder weniger drastisch mit ihren Erlebnissen mit *den Weibern*, alle unanständigen Begleitworte wurden mir nach und nach bekannt und auch geläufig. Es schien mir jedenfalls sicherer, einem anderen nicht zu sagen, dass ich vielleicht mit ihm etwas Sündiges machen wollte. Wenn ich es recht bedenke, dann war das das erste Mal, dass ich mit einem Konflikt in Berührung kam, der viele Schwule begleitet: Ein Gefühl der Minderwertigkeit, jedenfalls nicht der Gleichwertigkeit und die Angst vor Zurückweisung, wobei die Zurückweisung mich möglicherweise wieder in das Gefühl der Minderwertigkeit zurückzuwerfen drohte."

Stefan musste ihm recht geben: „Das habe ich in einem Buch gelesen: Das Gefühl der Minderwertigkeit führt zu Angst vor Zurückweisung und die verstärkt das Gefühl der Minderwertigkeit."

„Was du für Lektüre hast …", staunte Fabian.

„Seit ich mit dir so ausführlich darüber rede, habe ich mir über unsere Bibliothek ein einschlägiges Buch besorgt. Unser Direktor ist auch schwul. Aber weiter: Du hast also jede Woche zweimal mit 20 nackten Männern geduscht."

„19."

„Ok, 19. Einer davon war nicht abgeneigt, ihr habt euch beide nicht getraut. Wie ging das weiter?"

„Dann bist du gekommen."

„Oh!"

„Mein erstes Mal."

„Und mein einziges Mal."

„Eineinhalb Jahre."

„Dann bist du nach Wien gezogen. Und wir haben uns nie wiedergesehen."

„Bis jetzt."

„Bis jetzt!"

9.

Eine Dame der Tarockpartie war krank geworden.
Martha fragte Fabian, ob er Tarock spielen könne. Zum
Glück stand sie mit dem Rücken zu Stefan, der dem
Fabian hektisch *nein* deutete.

„Leider nein", war die Antwort in einem sehr gut
gespielten Ton des tiefsten Bedauerns.

„Schade" murmelte sie, „ich hätte Sie für den Typ
gehalten."

Achselzuckend begab sie sich wieder zu den
verbliebenen zwei Damen, während Fabian und Stefan
ein Lachen verbeißen mussten.

Fabian murmelte noch: „Ich bin also ein Tarock-Typ."

„Hast du jemals Tarock gespielt?"

„Ja, mit dem Burschen, den ich bald nach meiner
Ankunft in Wien kennenlernte."

„Das Jahr deiner Erleuchtung."

Fabian hatte sichtlich keine Freude mit dem Wort:
„Erleuchtung. In diesem Jahr fand ein Ereignis statt, das
mein künftiges Leben bis heute gleichsam festlegte. Es
war wie ein verkehrter Hausbau. Das Haus war schon
fertig, es fehlte nur noch das Fundament. Schwulsein ist
für mich eine intellektuelle Herausforderung. Die
intellektuelle Basis aber fehlte noch in meiner
Lebensgeschichte. Nicht, weil ich zu dumm war,
sondern weil ich aus einem Umfeld kam, in dem meine
Lebensweise nie besprochen wurde. Ich kannte zwar
mittlerweile die Begriffe, das Wort Homosexualität, fand
aber bis dato keinen Grund, es für mich anzuwenden.
Ich hatte einfach vor mich hingelebt, stieß nirgends an,
niemand versuchte, mich zu korrigieren, es interessierte
niemanden. Meine Eltern kümmerten sich nicht um

meine diesbezügliche Entwicklung. Sie waren vermutlich nur froh, dass ich nicht herumhurte oder Alkohol konsumierte. Aufklärung? Kein Wort davon. Weder daheim noch im Gymnasium. Wir waren noch bei der Blume-und-Biene-Fassung. Sperma? Das Wort war anstößig. Ich wusste lang nicht, wie das heißt, was da die verräterischen Flecken in meinem Leintuch hinterließ. Meine Mutter muss das allerdings gesehen haben, was sie sich dabei gedacht hat weiß ich nicht. So kam ich also rein wie Parsifal nach Wien. Hier war ich als hörbarer Oberösterreicher ein Ausländer und fand kaum Anschluss. Ich traf mich fast ausschließlich mit meinen Maturakollegen, die alle in Wien die verschiedensten Fächer studierten. Ich war schon ein halbes Jahr in unserer Metropole, da erzählte mir ein Bursche, mit dem ich mich zufällig jeden Tag am Würstelstand traf, dass im 4. Bezirk, die Adresse weiß ich nicht mehr, im 3. Stock eine Party stattfindet. Ich solle doch auch hinkommen, es seien sehr nette junge Leute, die sich über jeden Neuzugang freuen würden. Ich war noch nie auf einer Party. Was zieht man zu einer Party an? Ich musste mir allerdings wenig Gedanken machen, denn meine Bekleidungsauswahl war sehr beschränkt. Den guten Anzug, mit dem ich ins Theater ging, würde ich wohl nicht anziehen müssen. Was ich dann anzog weiß ich nicht mehr, es hat auf den Ausgang der Party auch keinen Einfluss. Ich wohnte damals in einer winzigen Untermiete im 5. Bezirk. Um halb 8 Uhr abends wanderte ich die Schönbrunnerstraße stadteinwärts in den 4. Bezirk, fand die Adresse, ging in das Haus, die Haustüren waren damals noch nicht dauernd versperrt, und schleppte mich in den 3. Stock zu der bewussten Türnummer. Es war eines dieser Gründerzeithäuser, nach heutigen Begriffen etwas heruntergekommen, die Treppenstufen waren in der Mitte abgetreten, sie hatten wahrscheinlich schon die Eröffnung des Hauses mitgetragen. Die Wasserleitung, Bassena genannt, und das Klo waren am Gang. Das Haus roch wie die meisten dieser Häuser nach dem Sonntagsessen von einigen Jahrzehnten. Da aber viele Häuser in Wien in einem ähnlichen Zustand waren, störte mich das nicht. Auch das Haus, in dem ich wohnte, roch so. Es war normal. In die Wohnungstüre, durch die ich gedämpftes Plaudern und leise Schlagermusik vernahm, war eine Drehklingel eingelassen. Ich bekam Herzklopfen, als ich an ihr drehte und das schrille Kreischen hörte. Die Türe wurde geöffnet – und da stand er. Er."

10.

„Warum sprichst du nicht weiter?", fragte Stefan, als ihm die Pause zu lang wurde. Er studierte Fabians Gesicht und versuchte zu ergründen, ob *Er* eine erfreuliche Erscheinung war, zu bedeutungsvoll betont war ihm dieses *Er* erschienen. Fabian hatte *Er* gesagt und schwieg seither. Zweimal hat er *Er* gesagt. Und dann geschwiegen. Als Stefan seine Augen sah, wusste er, dass Fabian jetzt so weit weg war, dass Stefan sich wahrhaftig sehr allein fühlte. Aber er war natürlich auch neugierig, denn immerhin kündigte sich da ja die Erleuchtung an, auch wenn dieses Wort nicht erwünscht war.

Stefan versuchte es mit einer weiteren Frage: „Wer war *Er*, dass du ihn so betonst."

„Entschuldige", löste Fabian sich langsam aus seiner Erstarrung, „Er hieß Reinhard, war auch aus

Oberösterreich, gleich alt wie ich, studierte irgendwas Technisches und war ab nun mein Partner für ein Jahr."
Stefan staunte: „Unter der Türe seid ihr Partner geworden? Er drinnen und du auf dem Gang? Eine romantische Situation."
Fabian war die Milde in Person: „Unter der Türe haben Reinhard und ich erfahren, dass vor dem Sex die Liebe kommt."
„Beide? Gleichzeitig?"
„Wir haben das bald besprochen. Es war so, wie ich es sage. Wir haben beide die Liebe erfahren, der dann vielleicht, oder wahrscheinlich die sexuelle Vereinigung folgt. Sex nicht aus Geilheit, sondern Sex aus Liebe."
„Langsam, langsam", brachte Stefan sich ein, „wie war denn dann das mit mir? Ich habe dich geliebt, du hast mich geliebt, sagst du zumindest, und wir haben auch Sex gehabt."
„Ja, genau so war es."
„Wieso hast du dann die Liebe erst mit diesem Reinhard erfahren?"
„Stefan, die Liebe zwischen dir und mir hat sich langsam entwickelt. Sie war das Ergebnis einer immer mehr wachsenden Zuneigung. Du warst ein Bub. Es war das erste Mal. Ich war drei Jahre älter, aber unser Zusammensein war auch für mich das erste Mal. Ich war schwul, du ja nun nicht. Das alles war eine große, wunderschöne Verwirrung. Mit Reinhard aber kam die Klarheit."
„Die Erleuchtung …"
„Wenn du das Wort noch einmal sagst, stehe ich auf und gehe."
„Solange du mich nicht aufklärst …"

„Gut. Ich fange von vorne an. Ich läutete an der Türe. Die Türe öffnete sich. Ich sah Reinhard, Reinhard sah mich – und der Blitz schlug ein. Bei ihm und bei mir gerieten die Körperfunktionen völlig durcheinander. Ich hatte Herzklopfen bis zum Hals. Mir wurde heiß. Ich wollte davonrennen und brachte keinen Fuß hoch. Ich wollte auf ihn zugehen, hatte aber Angst, einen elektrischen Schlag zu bekommen. Da rief jemand von drinnen: *Wollt ihr nicht hereinkommen, es zieht!* Da löste sich der Krampf, wir lächelten uns verlegen an, dann sagte er *Ich bin der Reinhard*, ich sagte *Ich bin der Fabian*, er reichte mir seine Hand, zog mich sanft hinein und ließ meine Hand gar nicht mehr los. Er führte mich. Wir gingen Hand in Hand, als wären wir ein altes Ehepaar."

Jetzt lachte Fabian sogar ein wenig: „Ich hoffe, es ist dir nicht peinlich ..."

Stefan war nur sprachlos und beeindruckt von dieser so innigen Liebesszene, dass es ihn ein wenig im Hals würgte.

„Ein bisschen kitschig, das Ganze, ich weiß", sagte Fabian fast entschuldigend, „aber es war so. Ich habe es so noch niemandem erzählt. Während ich gesprochen habe, habe ich gemeint, auch die alte Liebe zu dir wieder zu spüren."

„Wow", entfuhr es Stefan.

Fabian lachte und erzählte weiter: „Naja, er hat mich in die Wohnung geführt, die ziemlich groß war. In dem etwas schummrigen Licht sah ich Paare, die mehr oder weniger miteinander beschäftigt waren. Das Bemerkenswerte an diesen Paaren war, dass sie völlig gemischt waren. Burschen mit Mädchen, Mädchen mit Mädchen, Burschen mit Burschen. Auch mein Freund vom Würstelstand war mit einem Burschen beschäftigt. Da war nichts versteckt, da war alles sichtbar und von einer Selbstverständlichkeit, die mir den Atem nahm. Reinhard machte mich mit einigen, die gerade frei waren, bekannt, ich lernte auch die Besitzer der Wohnung kennen, ein etwa 25-jähriges männliches Paar, das mich mit einem Kuss begrüßte. Der eine sagte scherzhaft: *Na, Reinhard, du hast dich beschwert, dass du allein bist, jetzt hast du ja einen Partner, zumindest für diesen Abend.* Reinhard kannte sich in der Wohnung aus. Er führte mich noch immer an der Hand in ein anderes Zimmer, in dem es völlig finster war. Es war das Schlafzimmer. Dort begannen wir einander zu liebkosen, beide gleichzeitig, keiner durfte das Anfangen für sich beanspruchen. Sanft und zart entledigte einer den anderen seiner Kleidung, bis wir auf ein Bett sanken und miteinander schliefen, als hätten wir es schon immer so getan. Erst dann drehte Reinhard ein kleines Licht auf. Jetzt sahen wir einander nackt, schüttelten beide den Kopf und beschlossen glücklich, endlich zur Party zu stoßen."

Stefan seufzte: „Ein schöner Abend!"

„Und ein wichtiger", wurde Fabian plötzlich ganz sachlich. „Ich habe an diesem Abend alles erfahren. Ich habe über mich die volle Klarheit gewonnen. Ich wusste nun sicher, dass ich schwul bin. Ich habe an dem Abend aber auch erfahren, dass ich da nicht der Einzige bin, sondern dass es das gibt. Schwulsein gibt es. Schwulsein ist normal. Endlich wusste ich es. Ich glaube, ich bin einer der ganz wenigen Männer, die froh waren, es endlich zu wissen: Ich bin schwul. Ich weiß, wo ich hingehöre. Mir wurde aber auch schnell klar, dass ich in eine gesellschaftliche Kategorie hineingeraten war: in

41

die Kategorie der homosexuellen Männer. Als ich auch das erkannt und akzeptiert hatte, wusste ich, jetzt bin ich erwachsen. Jetzt ist mein Leben definiert."

„Ein definiertes Leben. Braucht das ein Homosexueller?"

„Jeder Mensch hat ein definiertes Leben. Mir ist mit meiner Definition klargeworden, dass die Kategorie, der ich nun zugehörig war, eine schwerwiegende gesellschaftliche Komponente hatte, gleichsam eine Schlagseite. Ich musste ab nun auf der Hut sein. Das Zusammenleben zweier Männer war suspekt und von allerlei Gräuelgeschichten umwuchert. Die einschlägigen Schimpfworte hörte ich immer und immer wieder, nicht auf mich bezogen, dazu war ich viel zu vorsichtig, um sie auf mich zu ziehen, aber wenn ich das alles hörte, war es nicht eben schön, zu dieser als abartig geltenden, verabscheuungswürdigen, noch dazu lächerlichen Spezialtruppe zu gehören."

„Das klingt nicht eben nach großer Zufriedenheit."

„Mein neues Leben – denn es war ein neues Leben in einem neuen Bewusstsein – hatte diese zwei Seiten. Ich war froh darüber, endlich Klarheit zu haben, und ich war nicht froh darüber, die drohenden Begleiterscheinungen, die uns der Gesetzgeber und die Gesellschaft aufgebürdet haben, ab nun bei jedem Schritt einbeziehen zu müssen. Da war eben dieser Unterschied. Ich war – und bin – anders. Mein Anders-Sein war von der Gesellschaft abgelehnt. Mir wurde bewusst, dass ich aus der Sicht der breiten Masse ein Mensch zweiter Klasse war. Würde ich jemandem sagen, ich bin schwul, würde der andere erschrecken, es würde ihm vielleicht grausen, wenn er an das dachte, was man uns gemeinhin nachsagte: Wir stecken unseren Penis in fremde Männerarschlöcher. Die

Gefahr, zurückgestoßen zu werden, war evident wie das berühmte Damoklesschwert."

„Hattest du Angst?"

„Nur, wenn ich an die drohenden Folgen im Fall eines Erwischt-Werdens dachte, manchmal in Träumen, manchmal auch bei Tag, wenn wieder einmal einer eine saublöde Bemerkung machte."

„Du sprichst immer von Männern."

„Es waren ja auch immer Männer, von denen die Gefahr drohte. Die richtigen Männer, die uns Schwuchteln verachteten oder auslachten."

„Richtige Männer?"

„Ja. Die Männer die richtig sind. Die Männer, die so sind, wie ich sein sollte. Die Männer, die so sind, wie ich nicht bin. Die Männer, die nicht so sind, wie ich bin."

„Hat denn jemals jemand etwas Derartiges zu dir gesagt?"

„Nein. Die Beleidigungen kamen immer indirekt. Ich wurde nie zurückgewiesen. Mein Status wurde zurückgewiesen. Die Zurückweisung war nicht sichtbar und hörbar, aber spürbar. Wie die Stimmung vor einem Gewitter."

„Jetzt übertreibst du aber."

Fabian lachte: „Du hörst eine Zusammenfassung, sie ist komprimiert und klingt daher schrecklich. Was ich hier rede, ist die Theorie. In der Praxis bin ich nicht dauernd angstschlotternd durch die Welt gegangen. Im Gegenteil, ich habe gelebt. Viel gelebt. Ich habe meinen Beruf gehabt und ich war schwul. Und ich war ein manchmal sehr aktiver Teil der Community, und das sogar weltweit. Du glaubst gar nicht, wie organisiert das schwule Leben in der ganzen Welt war. Und ist."

Stefan war von dem Schwall, mit dem ihn Fabian übergossen hatte, beeindruckt: „Das war also der Output dieser Party. Dieser Reinhard hat dich fachkundig eingeführt."

„Ziemlich genau ein Jahr waren wir beisammen. Zusammen wohnen war nicht möglich. Reinhard wohnte in einem katholischen Studentenheim in einem Mehrbettzimmer. Vier Studenten haben dort gehaust. Aber ich habe ihn auch besucht und sogar einige Nächte dort verbracht. Die anderen sagten nichts, sie grinsten nur vielsagend. In meiner winzigen Untermiete war es unmöglich, mich zu besuchen, weil mein Kabinett nur durch das Schlafzimmer der Vermieter zu erreichen war. Reinhard kannte ein schwules Paar, das uns bei Bedarf eine sturmfreie Bude als Unterschlupf bot. Es war eine sehr schöne Zeit mit viel Liebe und, wie im klassischen Liebestheater, einem traurigen Ende. Nach einem Jahr bekam Reinhard ein Stipendium nach Kanada. Ich habe ihn nie wiedergesehen."

Stefan meinte zu bemerken, dass Fabian jetzt traurig war: „Vielleicht findest du ihn, mich hast du ja auch gefunden."

Fabian war aber nicht traurig, er lachte: „Wenn ich alle einsammle, mit denen ich mehr oder weniger lang beisammen war, dann müsste ich – aber lassen wir das."

„Angeber!"

Martha spazierte vorbei: „Na ihr zwei Turteltäubchen …", und ging weiter.

Fabian murmelte nur: „Eine der üblichen blöden Bemerkungen."

11.

Der Tarocktisch stand verwaist, Martha, die Tarockrunde und noch einige der Damen waren nicht da.

„Ein Ausflug", erklärte Stefan Fabian, „bei dem sie die Männer nicht dabeihaben wollen."

Etwas erstaunt, allerdings nicht mit allzu großem Interesse fragte Fabian: „Haben die anderen alle noch Männer?"

Stefan grinste verlegen: „Nein. Es sind alle Witwen."

„Dann bis du der einzige Mann?"

„Nur in dieser Runde. Es sind auch noch andere Männer da. Dort drüben tagt die Bauernschnaps-Runde und drinnen, um nicht gestört zu werden, hocken die Schachspieler."

„Du gehörst zu keiner Runde?"

Ein wenig stolz verkündete Stefan: „Ich bin bei allen Runden gern gesehen. Außer bei den Schachspielern. Die sagen immer, ich spiele mit Schachfiguren *Mensch-Ärgere-Dich-nicht*."

Sie nahmen jeder einen Schluck Kaffee. Stefan verschüttete ein wenig.

Fabian sah das: „Parkinson?"

„Ein wenig."

Stefan war das Thema unangenehm, also wechselte er es: „Willst du mir nicht weitererzählen?"

Etwas erstaunt antwortete Fabian: „Du hast mich gefragt, wie und wann ich schwul geworden bin. Das habe ich dir, meine ich, ausführlich beantwortet."

„Bist du glücklich geworden damit?"

„Bist DU glücklich geworden?"

„Die eine Frau ist mir abgehauen, die andere hat sich zu Tode gesoffen, ich habe zwei Söhne, die Zahl etwaiger Enkel weiß ich nicht, ich war beruflich erfolgreich, dass ich mir diese Residenz leisten kann, und ich habe eine Freundin."

„Die Martha. Ihr habt sicher feurigen Sex miteinander."

„Mach dich nur lustig. Ich hatte Prostatakrebs und bin operiert, ausgeräumt. Bei mir tut sich nichts mehr. Ja, das Gefühl der Ejakulation funktioniert noch, aber das ist sehr mühsam und ich muss es mir selbst machen."

„Was sagt deine Martha dazu?"

„Die hat eine Bedingung gestellt: keinen Sex. Die kann ich mühelos einhalten. Und du?"

„So weit bin ich in meiner Erzählung noch lange nicht."

„Dann erzähl'! Der Reinhard ist weg. Und du bist allein."

Fabian nickte nachdenklich und ein wenig heftig: „Ich bin, wie ich es nenne, auf der freien Wildbahn gelandet. Ich verdiente ein wenig Geld und konnte mir eine kleine Wohnung leisten. Ab jetzt waren es die einschlägigen Lokale, die ich regelmäßig aufsuchte. Ich erinnere mich, wie ich das erste Mal in die *Alte Lampe* gehen wollte. Eine halbe Stunde bin ich in der Finsternis auf der anderen Seite auf und ab gegangen. Die schwache grüne Lampe über der sehr unscheinbaren Eingangstüre fixierte ich wie eine Motte. Drei Männer sah ich hineingehen. Anläuten, Gesichtskontrolle, Eintritt. Schließlich – mit viel Herzklopfen – wagte ich es auch. Ich war überrascht, dass sie mich begrüßten wie einen alten Bekannten. Die zweite Überraschung war, dass ich dort die ganze Haute Volée der Wiener schwulen Gesellschaft antraf. Sie begrüßten mich, als hätten sie mich schon lange erwartet. Ich staunte, wer da alles vertreten war. Schauspieler, Fernsehleute, Ärzte, Rechtsanwälte, Straßenbahnfahrer – eigentlich so ziemlich alle Berufsgruppen."

„Priester auch?"

„Die Frage musste kommen. Ei freilich. Die waren aber meistens vom Land und kamen nur in die Stadt, um sich auszutoben. Glaubst du, die kirchlichen Affären sind Zufälle? Ich hatte es sogar einmal mit einem Pfarrer aus dem Waldviertel."

„Und?"

„Er war ein toller Lover. Sehr ausgehungert."

„Du warst also in der Zeit immer auf Aufriss."

„Das klingt so schäbig, so abwertend, wie so vieles geklungen hat, was mit uns zu tun hatte. Ja, ich hatte keinen festen Partner, war also auf die Gunst des Abends angewiesen. Ja, ich war auf Aufriss."

„Und?"

„Und nichts. Ich konnte das nicht. Wenn es zu einem Kontakt kam, war es immer der andere, der mich aufgerissen hat. Zudem musste ich bald ein Hindernis entdecken: Ich war nie ein schöner Mensch. Es ist ziemlich deprimierend, wenn du siehst, dass einer von den Schönen das Lokal betritt, sich umschaut, dich eines kurzen Blickes würdigt und sofort weiterschaut, als wärst du ein Kieselstein. Ich habe eine immer größer werdende Abneigung gegen die Schönen entwickelt. Genau genommen habe ich mir die Abneigung zugelegt und handlich gemacht. Ich drehte den Spieß einfach um. Ein Schöner wird neidvoll angestarrt. Und was tat ich? Wenn so ein Schöner kam, schaute ich ihn kurz an, und dann sofort wieder weg, und zwar so, dass der Schöne es bemerken musste. Diese Taktik hat mir sogar ein paar Nächte mit dem einen oder dem anderen Schönen eingebracht. In Wahrheit war unsere Szene gnadenlos. Aber wir waren unter uns und mussten unsere Probleme, Animositäten, Zurückweisungen,

Enttäuschungen und Triumphe – wenn ich etwa einem anderen Balzer einen weggeschnappt habe – untereinander ausmachen."

„Ihr wart in einem Ghetto."

„Es mag so aussehen. In Wirklichkeit aber waren das unsere Schutzzonen. Die seriösen Lokalbetreiber sorgten dafür, dass nur Schwule hereindurften."

„Keine Lesben?"

„Lesben sind Frauen! Wir aber waren wie ein Männerbund. Wir beschützten einander, wir verrieten einander nicht. Wenn wir uns draußen trafen, kannten wir uns halt, nicht mehr. Man kennt einander, das ist doch üblich."

„Stricher?"

„Ich verkehrte nur in Lokalen, die vom Betreiber reingehalten wurden. Wohl gab es Kneipen, von denen ich wusste, dass dort Stricher verkehrten. Aber auch da gab es Abstufungen. Die anständigen Stricher, mit denen du einen Preis ausmachst, der auch hält und die unanständigen, die dich in höchst unangenehme Situationen bringen konnten."

„Überall lauert das Wort Schutz", resümierte Stefan, „Schutz untereinander, Schutz draußen, Schutz vor Strichern, Schutz vor Verrat ..."

„Vergiss nicht, wir waren verboten. Unsere Lokale waren geduldet. Zudem waren die Aufsichtsbehörden recht froh, uns beisammenzuhaben und zu wissen, wo man uns findet. Denn wenn irgendwo etwas Sexuelles passierte, suchten sie immer auch gleich im Homosexuellenmilieu. Ich sagte es schon: Wir waren ein Milieu. Ein verachtenswertes, verruchtes, perverses, schweinisches Milieu. Und ein lächerliches noch dazu, denn wir waren ja allesamt weibische Tunten, die mit den berühmten Wattebäuschchen warfen."

„Und da warst du – Mitglied."

„Ich war schwul, mir blieb nichts anderes übrig. Und jetzt beenden wir bitte das Verhör. Ich bin nicht schuldig und muss mich nicht verteidigen."

Fabian wollte nicht mehr. Sie plauderten weiter über die Qualität des Kaffees.

12.

Es war Fabian nicht ganz klar, wie weit er in seiner Erzählung gehen solle. Mit seinen 83 Jahren fand er es schon längst an der Zeit, ein wenig reinen Tisch zu machen. Es erstaunte ihn, wie viel Platz sein Schwulsein in seinem Leben beansprucht hat. Er war seit seinem 16. Lebensjahr Brillenträger. Der Vergleich drängte sich auf, weil ihm das Tragen der Brille so selbstverständlich war wie seine Homosexualität. Beide waren sie lebensnotwendige Utensilien und Eigenschaften, die verwendet und bedient werden wollten, die eine mit einer Brille, die andere mit Sex und dessen sündhafter Ausübung. Ihm fiel aber auch auf, dass es keinen zulässigen Vergleich mit dem Sex gibt, weil der ursprünglich nichts anderes als der Fortpflanzungstrieb war, den der Mensch zweckentfremdet und so gründlich in Vergnügen umfunktioniert hat, dass die Fortpflanzung schon fast zum Störfaktor mutierte. Die Verhütungsindustrie florierte und forschte ungebrochen nach neueren, feineren Varianten.

Fabian hatte auf eigenen Wunsch eine Runde um die Residenz gemacht, Stefan widmete sich in der Zwischenzeit seiner Martha, die mitten in einer Tarockpartie und daher ziemlich unwirsch reagierte: „Ist dir dein Busenfreund abhanden gekommen?"

„Er will sich seine morschen Füße vertreten."

„Das würde dir auch nicht schaden. – Pagat Ultimo!"

Mit dieser Spielansage fand sich Stefan verabschiedet und ging wieder zu dem Tisch zurück, an dem sie seit Tagen ihre Sitzungen abhielten. Es dauerte nicht lange, da wackelte Fabian wieder auf den Tisch zu, setzte sich stumm und versuchte sich von den Gedanken, die ihn während des kurzen Spazierganges beschäftigt hatten, freizumachen.

Stefan fragte: „An was denkst du?"

Als würde er einen Schlussstrich oder zumindest eine Art Zwischensumme einlegen, setzte Fabian seine Erzählung, die sehr nach einem Bericht klang, fort: „Ich erkannte sehr bald, dass ich mir zwei Leben zulegen musste. Zwei Leben, die völlig voneinander getrennt sein mussten. Das eine durfte dem anderen nicht einmal nahekommen. Das Unternehmen gelang. Meine beiden Leben liefen unabhängig voneinander ab und kamen nur manchmal, wenn es sich gar nicht vermeiden ließ, einander in gefährliche Nähe. Ich war mit dem Studium in Rekordzeit fertig, wirklich, ich wurde sogar in die Rekordliste der Universität aufgenommen. Sofort nach Beendigung des Studiums kam ich in meinen Beruf, in dem ich bis zu meiner Pensionierung geblieben bin. Ich war erfolgreich. Aber ich habe meinen Erfolg nicht daran gemessen, welche Sprossen der Karriereleiter ich erklomm, sondern daran, wie viel Raum er mir ließ, um mein zweites Leben möglichst ungehindert leben zu können. Ich hatte Glück. Das eine kam dem anderen nie ernsthaft in die Quere. Ich rechne mir das gar nicht als Verdienst an. Ich beanspruche auch nicht, besonders geschickt gewesen zu sein. Ich lebte in zwei Welten, die ich durch eine Türe von der einen oder von der anderen

Seite betreten konnte. Wenn ich die Türe hinter mir schloss, war ich in der anderen Welt. Immer mehr festigt sich in mir auch der Gedanke, dass da vielleicht zwei Menschen ein Leben lang unterwegs waren. Der berufliche war korrekt, überkorrekt, penibel, ich glaube, sogar ein wenig unangenehm, meine Nachrede soll nicht die beste gewesen sein. Ich habe jetzt aus meiner Berufszeit nur noch einen Freund. Er war einer von denen, die mir in der kritischen Zeit meines Outings rieten *Tu es!* Sein Impuls war es auch, dem ich folgte. Sehr wohl aber habe ich Freunde aus der anderen Lebenslandschaft. Nie in meinem Leben habe ich einen Psychoanalytiker bemüht, obwohl es mich schon interessieren würde, wie eine fachmännische Analyse dieses Doppellebens ausfiele. Andrerseits bin ich froh, es nicht zu wissen, sondern auch ohne es zu wissen mein Leben einfach gekonnt zu haben. Ich habe gelebt, ohne zu wissen, wie es geht. Vielleicht könnten Berufs-Psychologen von meinem erfolgreich gelebten Leben etwas lernen. Ich weiß, dass diese Schubumkehr nicht zulässig ist, denn diese Spezies von Fachleuten ist nicht da, um zu lernen, sondern um zu lehren. An der letzten Pandemie konnte ich allerdings sehen, wie viel die Fachleute vielleicht von einer Krankheit, wie wenig sie aber vom Leben verstehen. Und da die Politiker auch anstelle von Lebensinteressen Parteiinteressen vertreten, behalte ich das Geheimnis meines Doppellebens lieber für mich. Zu groß ist mir die Gefahr einer, wenn auch späten Irritation. Mein Berufsleben war, wenn ich mich der herkömmlichen Nomenklatur bedienen will, mein normales Leben, wobei ich unter normal hier bestenfalls das Herkömmliche, Übliche, Altgediente, Festgefahrene verstehe. Konventionell, konservativ, um nicht zu sagen reaktionär, das war ich in meinem offiziellen Leben. Es war ein sicheres Leben in diesem Land, in dem keine Normen festgeschrieben sind, in dem aber die Norm über uns allen schwebt. Solange sie oben schwebt, ist sie eine Art Wolke. Wenn sie aber herunterfällt, wird sie zum Prügel. Die Norm ist in unserem Land ein vielseitig verwendbares Instrument, das jeder für sich zu Hause hat wie die Schweizer ihr Gewehr. Nicht zu vergessen – wie könnte ich auch -, ich war diese ganze Zeit schwul. Mit ganzer Seele und mit ganzem Körper. Komplett. Derselbe Körper, der brav jeden Wochentag mit Anzug und Krawatte um neun Uhr im Büro saß und um 17 Uhr heimging, war ein höchst empfindliches Objekt, der größten Freudenspenden fähig und immer wieder im greifenden Besitz von anderen Menschen. Männern. Burschen. Herren. Buben allerdings nur einmal, du Stefan."

Ergriffen ergänzte der Angesprochene hartnäckig: „Nur, dass ich damals schon ein funktionierender Mann war."

„Pädophilie wird nach dem Alter des jungen definiert."
Sie schwiegen.

In Stefan stand die Frage: *Welcher von den beiden Menschen, die mir Fabian soeben geschildert hatte, sitzt denn nun vor mir? Der Berufsmensch, also der, wie er sagt, Normale, oder der andere, der Schwule?* Das Gegenwort zu normal wollte er nicht einmal in seinen Gedanken gebrauchen. Er entschied sich für einen Kompromiss: „Ich glaube, angesichts deines Alters bist du wohl aus beiden Leben ausgeschieden."

Fabian lachte: „Wie das klingt! Als wäre ich tot. Ich glaube eher, die beiden sind zusammengewachsen. Die

Trennung ist nicht mehr nötig, die Türe existiert nicht mehr, weil die Wand niedergerissen ist."

„Hast du sie niedergerissen?"

„Sie hat sich, wie sagt man auf neudeutsch, vertschüsst. Mit dem Alter fallen Dinge weg, die man nicht mehr braucht. Das Schicksal ist manchmal sehr gnädig."

„Aber du bist immer noch schwul."

„Ich bin auf Augenhöhe mit den anderen."

„Wie mit mir – damals?"

„Ja."

„Mit den Heteros?"

„Mit denen besonders. Das Alter verwischt die Unterschiede. Die Werkzeuge werden stumpf und nach und nach unbrauchbar. Und die Unterscheidungen werden obsolet, unwesentlich."

„Die Waage ist ausgeglichen?"

„Oh nein, ich bin noch immer unten."

„Und wer ist das oben schwebende Gegengewicht?"

„Die Kritiker. Die selbst ernannten Richter, die uns beschimpft haben, beleidigt haben, gedemütigt haben. Ihr Hochmut hat sie dick gemacht. Ihre Selbstzufriedenheit hat ihre Ärsche breit gemacht."

„Dennoch sind sie oben?"

„Ihre Argumente sind hohl, ihr Gewicht beruht auf einer Anmaßung und die ist immer ein gewichtsloser Irrtum."

„Wenn du das sagst, wer sagt das jetzt, der Berufliche oder der Private?"

„Ich, Stefan, ich. Ich sage das."

„Ist das nicht einfach ein verbales Ausweichmanöver? Als du noch wolltest, drohte die Zurückweisung. Jetzt musst du keine Zurückweisung mehr befürchten, weil du aufgehört hast, zu wollen. Du warst dein Leben lang anders. Bist du jetzt gleich?"

„Gleich bin ich erst, wenn ich tot bin. Mein Anders-Sein hat mich zu dem gemacht, was ich bin. Was ich noch immer bin, solange ich lebe."

Fabian war etwas laut geworden, aber es kümmerte niemand. Nur Martha schaute kurz zu ihnen, wandte sich aber sofort wieder dem Tarock zu.

13.

„Die Pflanzen habe ich als Kind alle mit Namen gekannt", seufzte Fabian bei einem kleinen Spaziergang durch das Wäldchen, an dessen Rand Stefans Residenz lag. Sie benützten nur die seniorengerecht angelegten Wege.

„Die Beine vertreten, beim Sitzen rosten meine Knie so schnell ein!"

Es war Fabians Wunsch gewesen, diesen kleinen Ausflug zu unternehmen.

„Zwei Männer im Wald", sagte er, „da hängen Erinnerungen dran!"

„Zwei Männer im Wald", antwortete Stefan, „da sind doch nicht automatisch Hintergedanken dabei. Zwei Holzfäller, zwei Schwammerlsucher ..."

„Nicht so bei mir. Bei uns. Wir mussten schon die etwaigen Hintergedanken fürchten. Ein Hintergedanke war eine Bedrohung, er konnte leicht real werden, heimtückisch, hinterhältig, wie es einem Hintergedanken eben zusteht. Mein privates Dasein war zwar von meinem öffentlichen Leben streng getrennt, aber die Trennwand konnte sehr dünn werden. Wenn ich öffentlich war, gab es den anderen nicht."

„Du hast zu 50 % gelebt und nicht gelebt?"

„Du mit deinen Prozenten. Nein, ich habe in jeder Phase zu 100 % gelebt. Ein Leben war so komplett wie das andere. Jedes meiner beiden Leben beanspruchte 100 %. Mein berufliches Leben war offen, sichtbar, es sollte ja sogar sichtbar sein. Das private hingegen fand für die Öffentlichkeit nicht statt. Es durfte nicht stattfinden."

„Hat da nie jemand gefragt? Ich meine, das muss doch auffallen, wenn jemand gleichsam ohne Privatleben ist."

„Fragen gab es, ja. *Man weiß nichts über sein Privatleben. Was mag da für ein Geheimnis dahinterstecken?* Sie redeten sogar von einem *süßen Geheimnis.* Ich bin, wo immer ich eingeladen war, entweder allein oder mit einem Freund erschienen."

„Freund?"

„Ich hatte bis dahin eine einzige längere Beziehung."

„Du lebst jetzt allein?"

„Ich spreche von der Zeit, in der wir noch das Versteckspiel hatten. Diesen einen Freund brachte ich zu Einladungen immer öfter mit. Was sich die Leute gedacht haben, weiß ich nicht. Wahrscheinlich das Richtige. Da wir uns aber nicht auffällig benahmen, war die Sache schnell in die Alltäglichkeit abgesackt. Mein Freund war sehr beliebt, auch das trug dazu bei, ein etwaiges Thema unerheblich zu machen."

Sie waren mittlerweile wieder auf der Terrasse der Residenz gelandet.

„Na, ihr zwei?", fragte Martha, die soeben irgendein Geschirr abräumte.

Für Stefan war das eine einfach hingeworfene Frage, für Fabian wieder ein Indiz. Sie setzten sich an ihren Tisch und streckten ihre vertretenen Füße aus.

Stefan drängte es, zu fragen: „Was wäre eigentlich gewesen, wenn?"

„Da war die Grenze gezogen. Wenn ich aufgeflogen wäre, hätte es sicher Konsequenzen gegeben. Welche, weiß ich nicht. Ich musste also alles tun, um ein Auffliegen zu vermeiden."

„Grenze. Du hast also innerhalb von Grenzen gelebt."

„Wie jeder Mensch."

„Waren deine nicht doch etwas enger als bei anderen?"

„Abgesehen davon, dass fast jeder Mensch etwas zu verbergen hat, waren meine Grenzen schon einengend."

„Angst?"

„Ja."

„Immer?"

„Die Angst war gleichsam verinnerlicht. Sie war in mir eingewachsen, sie war zur Automatik geworden, wie die selbstverständliche Vorsicht, die man etwa beim Überschreiten einer belebten Straße walten lässt. Aber der Gedanke, etwas zu sein, das ich Menschen außerhalb meines privaten Kreises nicht zeigen darf, weil sie mich dafür verachten und vielleicht sogar dafür bestrafen würden, war manchmal deprimierend. Erniedrigend. Die Heteros vögelten vor sich hin und protzten sogar noch mit ihren Erfolgen, meine Art aber war zweitklassig, von jedem Verständnis ausgeschlossen. Aber, und das ist das Erstaunliche, ich habe trotzdem gelebt. Oft sogar sehr glücklich gelebt. Ich war mit meiner Homosexualität zufrieden. Die anderen waren es nicht."

„Die anderen. Zu denen auch ich gehöre."

„Vergiss nicht, wir würden nicht miteinander darüber reden, wenn da nicht unser gemeinsamer Sündenfall gewesen wäre. Ich spreche also mit einem Mann, der sich, wenn auch nur in der Erinnerung, in der Sache auskennt."

Warum kam Martha immer dann, wenn Stefan ein Thema noch weiterverfolgen wollte. Sie brachte zwei Stück Torte. Ihre Freundin Ilse hatte Geburtstag und es war etwas von der Torte übriggeblieben.

„Bevor wir es wegschmeißen ...", erklärte sie charmant.

14.

Das Schlagobers, das Fabian von seinem Tortenstück gekratzt und an den Tellerrand geschoben hatte, durfte Stefan aufessen, was ihn aber nicht hinderte, weiter zu fragen: „Du hast gesagt, du hast glücklich gelebt. In der Zeit, in der du versteckt lebtest, hast du eine einzige längere feste Beziehung gehabt."

„15 Jahre."

„Da war ja noch viel Platz und Zeit. Wie hast du das in der Zwischenzeit gemacht??"

„Unsere Lokale habe ich schon erwähnt. Ich hatte eine Lieblingssauna, in der ich mich hätte austoben können. Hätte können, denn in diesen so freizügigen Anstalten hatte ich nie Glück. Ich war zuerst sehr mager, dann legte ich mir ein Bäuchlein zu, war also der klassische Leptosome, dann wurde ich älter ..." Er zuckte mit den Achseln und lächelte: „Da war nichts zum Angeben! Aber ich war beruflich viel auf Reisen. Es gab den *Spartacus*, eine Adressensammlung aus der ganzen Welt. Wo immer ich hingekommen bin, der Spartacus hat mir den Weg gewiesen. Bei den Adressen standen auch weiterführende Informationen, von welcher Art Publikum das jeweilige Lokal frequentiert wurde, alt, oder jung, gemischt, Stricher, man kann mit Karte bezahlen, ein Darkroom ist dabei, und so weiter. Das war eine große Hilfe. Wenn ich die beruflichen Angelegenheiten erledigt hatte, wurde mein Mund trocken und ich stürzte mich in das hoffentlich kommende Abenteuer.

In Köln entdeckten meine Kollegen an meinem Hals, trotz des aufgestellten Kragens diese bläulichen Flecken, die man bei uns Knutschflecken nannte. Da sie von meinem Schwulsein nichts wussten, drängten sie darauf, dass ich sie am nächsten Abend in das Lokal brachte, wo man solche Flecken bekommt. Irgendwo lauerte in den Hinterköpfen sicher der Gedanke, wenn der Fabian Erfolg hat, dann haben wir ihn selbst doch schon lang. Wir waren zu fünft, als wir am nächsten Abend loszogen. An einer belebten Kreuzung bog ich, ohne dass es die anderen bemerkten ab und ließ sie allein weiterziehen. Am nächsten Tag machten sie mir Vorwürfe, ich redete mich heraus: *Ich habe mich ja auch gewundert. Plötzlich wart ihr verschwunden.*

In New York besuchte ich eine Sauna. Dort ging es sehr züchtig her. Alle waren nackt und manche sichtlich mehr oder weniger erregt. Die Erregung durfte aber nicht zu extrem sein, weil da sofort ein ebenfalls nackter Aufpasser kam, so eine Art Sittenwächter, der den Erregten anwies, seine Erregung abzubauen und zu bedecken. Der Wächter leuchtete auch mit einer Taschenlampe brutal in die dunkleren Ecken hinein, wehe, wenn da zwei zu intim waren. Erlaubt intim war jede Art von Umarmung oder sonstiger körperlichen Nähe, nur die bestimmten Körperteile durften nicht im Spiel und nicht allzu erregt sein. In einer Saunakammer, die mit etwa 15 Herren jeden Alters besetzt war, balgten sich zwei Burschen wild herum, schmusten,

58

umarmten sich – sie waren, wie ich bald bemerkte, Animateure. In der Sauna hatten wir pflichtgemäß alle Handtücher um die Lenden. Unter den Handtüchern allerdings …, naja, und als ich zu meinem Nachbarn hinübergriff, schlug der ängstlich meine Hand weg. Eigentlich durfte man sich auch nicht an sich selbst vergreifen. Wenn der Nackte mit der Taschenlampe kam, waren alle brav und sittsam.

Im Greenwich Village streunte ich eines Abends ein wenig herum, da kam ein Schwarzer auf mich zu und sagte: *Gib mir einen Dollar und ich blase dir einen oder gib mir zwei Dollar und du darfst mir einen blasen.* Ich antwortete: *Ich gebe dir drei Dollar und du gibst mir deine Lederkappe.* Ich habe die Kappe noch heute.

In Rom habe ich das Lokal besucht, in dem Pasolini den Stricher kennengelernt hat, der ihn dann umgebracht hat. Das Lokal, das ich mit Ehrfurcht aufsuchte, war zum Fürchten, ich bekam diese Tristesse nicht in Deckung mit dem, was ich von Pasolini kannte. Ich war zehn Minuten drinnen, als ich aufs Klo musste. Einer von den Strichern folgte mir, versperrte mir den Weg nach draußen und verlangte Geld. Ich zahlte – erst dann durfte ich hinaus. Der Barkeeper war offenbar ein anständiger Mensch, der erkannte, dass da ein Tourist in sein Lokal hineingeraten war. Er bat mich, sofort zu gehen, das bestellte Bier müsse ich nicht bezahlen.

In Toronto hatte sich ein junger Mann in einem Lokal offenbar in mich verliebt, ich mich aber nicht in ihn. Er folgte mir bis ins Hotel und machte vor der Rezeption ein herzerweichendes Theater. Der Portier beruhigte den Jungen und schimpfte mich herzlos und grausam.

In München war ich berufsbedingt am öftesten. München war aber auch meine erfolgloseste

Destination auf diesem Gebiet, ich hatte in all den Jahren keinen einzigen sexuellen Kontakt. Keinen einzigen!"

Fabian schüttelte lachend den Kopf.

Stefan hat ihm atemlos zugehört: „Ein wildes Leben!"

Da lachte Fabian wieder: „Das alles hat sich in etwa 30 Jahren abgespielt. Mein Leben war, was Kontakte betrifft, eher erfolglos, gemessen an den sehr zaghaften Versuchen, die ich unternahm."

„Und daheim? In Wien?"

„Wild war es nicht. Ich war keiner von den Schönen, Begehrenswerten. Ich war auch zu vorsichtig. Ich hatte Angst vor Strichern, vor Krankheiten ..."

„Vor Erpressung?"

„Einmal bin ich da hineingefallen. Ich habe in einem Lokal, das ich als von Strichern sauber kannte, einen jungen Mann kennengelernt, der nicht zu mir nach Hause wollte, sondern in das Hotel *Urania*. Da hätten die Alarmglocken das erste Mal läuten müssen. Ich wusste aber nicht, dass das ein Stundenhotel war. Er wollte auch nur, dass ich das Zimmer bezahle, sonst nichts. Als ich sah, dass er den Portier kannte und der Portier ihn, hätte sich der Alarm bei mir wieder lösen müssen. Aber mein Mund war schon trocken, das Schicksal nahm seinen Lauf. In einem winzigen Zimmer hatten wir unseren Sex. Kaum waren wir fertig, gereinigt und angezogen sprang die Türe auf, ein ziemlich großer Mann stand darunter und sagte: *Einen Blauen, oder du stehst morgen in der Zeitung!* Er meinte 1000 Schilling. Ich zahlte – und er ließ mich lächelnd mit Handschlag gehen. Etwa eine Woche später habe ich den jungen Mann mit Frau und Kinderwagen auf der Straße gesehen. Er erkannte mich und deutete mit einem Finger auf seinen Lippen, ich möge ihn nicht verraten."

„Pasolini ist in einer solchen Situation ermordet worden. Rudolph Moshammer und Walter Sedlmayr wurden in München ermordet. Warst du nie in Gefahr?"

„Einmal wurde es kritisch. In einem nicht schwulen Lokal namens *Bücke dich* wollte ich nur ein Bier an der Bar trinken, da setzte sich ein sehr höflicher junger Mann neben mich. Wir plauderten, er trank eine Cola, er bezahlte selbst, und fragte schließlich, ob ich ihm für eine Nacht Unterschlupf gewähren könnte. Ich sagte lachend, mein Bett sei genau eineinhalb Personen breit und für zwei etwas eng. Er lachte auch und meinte, das mache ihm gar nichts. Er ging mit mir, wir legten uns ins Bett. Nach einiger Zeit, in der er sich nicht rührte, griff ich zu ihm hinüber. Er rührte sich noch immer nicht. Als ich aber etwas direkter wurde, knallte er seine Faust plötzlich knapp neben meinem Kopf in das Polster und rief: *Ach so einer bist du!* Ich missverstand und sagte fröhlich, *Was hast du denn gedacht?* Da sprang er aus dem Bett, ich musste das Licht andrehen, auch aufstehen, da schlug er auf mich ein. Ich bekam sofort Nasenbluten, es wurde eine hässliche Sauerei. Zwischendurch zog er sich rasch wieder an, seine Hose war etwas blutig geworden, *so kann ich nicht auf die Straße gehen*, ich musste ihm eine von meinen Hosen geben, dann verlangte er, hinausgelassen zu werden, was ich gerne tat. Er verlangte kein Geld. Er war einfach ein Irrtum. Der wollte tatsächlich nur nächtigen. Das blaue Auge musste ich am nächsten Tag meinen Kollegen mit irgendeiner wilden Lüge erklären. Für mich war dieses Erlebnis ein Beweis, wie gefährlich es sein konnte, als Schwuler an den Falschen zu geraten. Das besonders Unangenehme an der Affäre war, neben dem blauen Auge, die Tatsache, dass der junge Mann recht hatte. Nicht das Recht, mich zu schlagen, das hat niemand, aber das Recht, sich gegen einen sexuellen Angriff zur Wehr zu setzen. Der Schuldige war, rechtlich gesehen, ich selbst.

Aber wir waren für manche auch Freiwild. Schwule erschrecken und jagen war im Wiener Rathauspark oder im Schweizerpark ein beliebter Sport, besonders männlicher Jugendlicher. Die Gejagten mussten rennen wie um ihr Leben, wenn einer gefangen wurde, setzte es Hiebe."

„Um ihr Leben?"

„Im Schweizergarten wurde einer erschlagen."

15.

Stefan wartete auf Fabian. Er war von den Schilderungen seines wiedergefundenen Freundes tief beeindruckt, auch Entsetzen stellte sich manchmal ein. Da saß ein alter Mann ihm gegenüber, der fast sein ganzes Leben lang unter dem an einem sehr dünnen Faden hängenden Damoklesschwert verbringen musste, immer gewärtig, aufzufliegen, angezeigt zu werden, Schläge zu bekommen, erpresst zu werden. Und dennoch hat er ein Leben geführt, in dem auch viel Glück Platz fand. Aber summa summarum war es eine vor Räubern und Mördern versteckte Liebe. Unter den Nazis war es eine unwerte Liebe, analog zum unwerten Leben. An Liebe dachten diese braunen Verbrecher allerdings gar nicht, für sie war Homosexualität eine krankhafte Abartigkeit, die bestraft, oder noch besser ausgerottet werden musste. Wenn ein schwuler Mann aufflog, wurde er vor Gericht gezerrt, musste gestehen und sprach mit dem Geständnis sein eigenes Urteil, das manchmal sogar das Todesurteil war.

Mittlerweile war Fabian gekommen und beschrieb diese Situation so: „Wenn ich das Jahr 1952 als den Beginn meines Sexuallebens annehme, dann bin ich mit meiner Liebe genau 50 Jahre unter gesetzlicher Kuratel gestanden. Bis 1971 waren wir strafbar, bis 2002 hatten sie nur für uns schwule Männer ein vertrotteltes Sondergesetz (§ 209), das im Lauf der Jahre allerdings immer weniger exekutiert wurde, weil es sogar den Staatsanwälten und Richtern peinlich war."

„Du sagst hatten sie – wer waren sie. Ich vermute, dass ich es weiß."

„Die Schwarzen und die jeweilige Braunen-Partei. Die Schwarzen hatten nach viel Klinkenputzen und Arschkriechen unsererseits mehr oder weniger widerwillig ein Einsehen mit uns. Die braune Reichshälfte allerdings würde uns auch heute noch ins Gefängnis stecken, zumal wir ja jetzt öffentlich und daher leicht zu erwischen und einzufangen wären."

„Habt ihr Angst vor einem kapitalen Rechtsruck?"

„Ja. Einfach ja. Große Angst."

„Die Sache ist für euch also noch nicht gelaufen."

„Nein. Die alten Zeiten können wiederkommen."

„Und du bist ja öffentlich, du hast dich geoutet."

„1992 habe ich mein Geständnis abgelegt."

„Das war doch die Zeit, in der die Sache mit dem HIV akut war?"

„*Aids* sagten wir damals. Die elegante und wohl richtigere Bezeichnung *HIV-positiv* kam erst, als sich die Seuche auch im Heterobereich auszubreiten begann."

„Hattest du Probleme?"

„Persönlich, also was meinen eigenen Körper betrifft, nicht."

„Was heißt das?"

„Das heißt, dass ich nicht HIV-positiv war und bin."

„Du hast doch weitergelebt. Wie hast du dich dagegen geschützt?"

„Genau genommen hat es nur einen 100%-Schutz gegeben: Kein Sex. Also kein Sex mit einem Partner. Ich bin zum Onanisten geworden."

„Das Kondom?"

„Da habe ich zu oft gehört, dass eines geplatzt ist, oder einen feinen Riss hatte, oder nicht fachgemäß übergezogen oder vertrocknet war – nein, ich habe alle Kontakte eingestellt."

„Ist das denn so einfach gegangen?"

„Wenn es ans Leben geht, ja. Also ich habe es geschafft."

„Du hattest doch einen Partner."

„Der war ein Beispiel für die Tragödien, die uns begleitet haben. Er hatte, wie ich, panische Angst vor einer Ansteckung. Aber er hat einen Seitensprung gemacht mit einem Burschen, der ihm nicht gesagt hat, dass er HIV-positiv ist. Er hat sich angesteckt, hat die Diagnose bekommen und eine Woche darauf Selbstmord begangen."

„Woher weißt du das alles, das mit dem ansteckenden Partner?"

„Ich habe ihn noch kennengelernt und ihn gefragt, warum er meinem Partner nichts gesagt hat. *Dann wäre er doch nicht mehr gekommen*, war die schreckliche Antwort. Ich hatte den Mörder des von mir sehr geliebten Menschen vor mir. Er ist bald darauf auch gestorben, an Aids."

„Schrecklich!"

„Ja, meine psychische Befindlichkeit wurde damals schwer strapaziert. Wir waren mit unserem Sex keine Verbrecher mehr. Wir waren mutiger geworden. Und leichtsinniger. Umso größer war der Schock, als Ende der 1980er-Jahre dieses Monster bei uns auftauchte. Es waren nur Schwule betroffen und es wurde eindeutig aus den USA eingeschleppt. Ich hatte einige Freunde, die mir lachend erzählten: *Einmal im Jahr fliege ich für eine Woche nach New York und lasse mich richtig durchficken*. Sie sind alle mit Aids zurückgekommen und alle längst tot. Ein Freund und ich haben unlängst ein altes Fotoalbum mit Bildern von unseren Schwulen-Partys angeschaut. Nach wenigen Minuten haben wir das Album wieder geschlossen, es war nicht auszuhalten. Alles junge Männer, fröhliche Menschen, Studenten, Rechtsanwälte, Ärzte, und alle so jung ..." Fabian musste innehalten, redete aber bald weiter: „Ich habe vor vielen Jahren einmal nachgezählt. Es waren 39 Freunde, die ich damals in einem Zeitraum von ein paar Jahren verloren habe."

Wieder hielt er inne, dann aber ging es vehement weiter: „Die gewonnene Freiheit war weg. Aids bekam einen Namen: Schwulenseuche. Alle Skeptiker uns gegenüber fanden sich bestätigt. Wir waren wieder einmal die Schweine. Aids holt man sich im Austausch von Körpersäften, Blut, Schleimhautflüssigkeit – und wo sind vor allem letztere zu finden? Das Schreckliche war zudem, dass meine Freunde alle so erbärmlich eingegangen sind. Hysterie herrschte, kann man so einem die Hand geben? Wenn in der Straßenbahn so einer eine Haltestange angreift, und dann greife ich hin, hab ich's dann auch? Leute wurden entlassen, hinausgeschmissen, und niemand schützte sie, weil sie ja nach damaligem Wissensstand hoch ansteckend waren. In den Personal- und Gesundheitsakten durfte HIV nicht vermerkt sein. Wenn du von der Krankenkasse eine Auskunft über einen Bewerber haben wolltest, stand da sehr wohl, obwohl verboten, alles drinnen. Aids, wie wir es noch immer nannten, war zu 90 % tödlich."

„Gab es da nicht bald eine Therapie?"

„Ja, aber die hatte arge Nebenwirkungen. Es war ein Cocktail von bis zu zehn Medikamenten. Ich fuhr mit einem positiven Freund, der die Therapie machte, in der U-Bahn. Es ging ihm sehr schlecht. In einer Station sagte er, er müsse jetzt aussteigen, speiben. Er hatte immer mehrere Speibsackerl bei sich. Und immer wieder musste ich erfahren, dass schon wieder einer gestorben war."

„Wie hast du damals als Schwuler gelebt?"

„Mit der Tatsache, dass wir wieder einmal stigmatisiert waren. Aber ein Jahr nach dem Selbstmord meines Partners habe ich meinen Feldzug begonnen."

16.

Sie hatten nach dem für Fabian sichtlich sehr anstrengenden HIV-Kapitel nicht mehr weitergesprochen, erst am nächsten Tag setzten sie fort. Sie hatten sich selbst mit Kaffee und einem schon am Vormittag ziemlich trockenen Kuchen versorgt. Stefan stellte eine schwerwiegende Frage: „Warum outet man sich?"

„Die Frage musste damals eher lauten: Warum wird man geoutet? Die zweite Frage: Warum setzten

Investigativ-Journalisten all ihr Können ein, um uns draufzukommen? Dritte Frage: Was ist denn da dran so interessant? Der deutsche Filmemacher und Schwulen-Aktivist Rosa von Praunheim sagte 1991 in der RTL-Talkshow *Der heiße Stuhl* live und ungefragt, ich versuche es wörtlich: *Bio(lek) zum Beispiel ist unheimlich beliebt. Warum kann der nicht einfach sagen: Ich bin schwul. Hape Kerkeling, der ist ein Sympathieträger. Ich habe gestern mit ihm telefoniert und habe ihn gefragt: Sag mal, würdest du dich öffentlich machen? Da hat er mir gesagt: Jetzt noch nicht, aber vielleicht später.* Dieses Zwangs-Outing erzeugte natürlich ein riesiges Medienecho. *Pfui, Rosa! Schwulen-Verrat im TV*, schrieb die Bild-Zeitung auf dem Titelblatt in den üblich großen Lettern. Damit war die Nachricht erst recht verbreitet. Kritik prasselte auf Praunheim nieder, eine Riesen-Diskussion war ausgelöst. Er habe die TV-Lieblinge *geächtet* und ihnen damit einen *Bärendienst erwiesen*. Prominente leben offen homosexuell, das war undenkbar. Homosexualität war ein Tabuthema. Praunheim rechtfertigte seine Aktion mit eigenartigen Worten: *Ich wusste, so etwas ist unanständig. So etwas machen nur Schweine. Aber Kerkeling und Biolek haben später gesagt, dass sie befreit sind, dass das Versteckspiel vorbei ist*. Immerhin sind in diesem Zusammenhang Worte wie *Ächtung* und *Bärendienst* gefallen. Einige Medien haben gemunkelt, dass es mit den beiden Geächteten nun vorbei sei. Kerkeling schilderte ein Jahr nach der Aktion im *Spiegel*: *Sensiblere Naturen als ich hätten sich in einer Kurzschlusshandlung womöglich mit dem Föhn in die Badewanne gelegt*. Wie er von dem erzwungenen Outing erfuhr, schilderte Kerkeling so: *Einen Tag vor der berüchtigten Sendung* habe Praunheim ihn angerufen und wissen wollen, ob er schwul sei. *Ich habe ihm gesagt, das veröffentliche ich, wenn ich es für richtig halte. Ich hatte ein mulmiges Gefühl. Am Abend darauf rief eine entsetzte Freundin bei mir an: Schalt sofort den Fernseher ein, es geht dir an den Kragen.* Das beruhigende Ergebnis der Aktion war, dass sie weder Biolek noch Kerkeling geschadet hat. Und Praunheim hat später seine Absichten erklärt: *Mein Outing von schwulen Prominenten war ein Verzweiflungsschrei auf dem Höhepunkt der Aidskrise. Ich musste damals eine Bombe werfen.*

Das Datum war der 10. Dezember 1991. In Deutschland. Fast auf den Tag genau ein Jahr darauf, am 17. Dezember 1992 habe ich mich geoutet. In Österreich."

Fabian hielt inne. Sein Gesichtsausdruck war starr, er schaute irgendwohin, in sich hinein oder in eine weite Ferne. Stefan musste akzeptieren, dass ihn die ganze Erzählung persönlich sehr bewegte.

Dennoch wagte er die behutsam gestellte Frage: „Und wie war das mit deinem Outing? Und warum hast du dich geoutet?"

Langsam begann Fabian: „Die, wenn man so sagen will, internationale Vorgeschichte hast du gehört. Meine Vorgeschichte ist ähnlich, allerdings insofern persönlicher, als ich alles mit mir selbst abhandelte. 1991 starb nach 15 Jahren Glück mein Partner – wegen Aids. Ich nahm dieses Ereignis nur sehr widerborstig zur Kenntnis, weil ich den Tod meines Partners als einen unerlaubten und höchst empörenden Eingriff in mein Leben betrachtete. Ja, den Tod meines Freundes empfand ich als persönliche Beleidigung durch denjenigen, der das Schicksal verwaltet und aussendet und austeilt. Sogar Gott rief ich zu, er möge mich im

Arsch lecken, wenn ihm nichts anderes einfiele, als einen geliebten Menschen nur weil er schwul ist dahinzuraffen. Immerhin nannten kirchliche Kreise *Aids die Antwort Gottes* auf unsere Unzüchtigkeit. Aids und schwul waren eine untrennbare Einheit. Ich hatte kein Aids, aber mein Schwulsein war auf das Hinterhältigste und Gemeinste angegriffen. Ich redete mit allen möglichen Leuten darüber, gab mich aggressiv, wenn mich einer zu beschwichtigen versuchte, weinte haltlos, wenn mir jemand Mitgefühl entgegenbrachte. Es war der Pfarrer der Michaelerkirche, Pater Wolfgang – ja, ich versuchte es sogar dort, Klarheit zu bekommen –, er hörte mir zu, ohne mich zu unterbrechen und sagte dann nur einen einzigen Satz: *Denk einfach weiter. Du bist auf einem guten Weg, der vielleicht sogar der einzig richtige ist*. Ich wusste damals weder, dass ich auf einem Weg war, noch wo der hinführen sollte. Und richtig fand ich überhaupt nichts. Die Vorgänge in Deutschland habe ich genau beobachtet, sie waren nicht eben sehr ermutigend gewesen. Das so negativ begonnene Echo auf die Zwangs-Outings begann aber abzuebben und schließlich zu verstummen. Es sah ganz so aus, als hätte Praunheim doch erreicht, was er wollte: Die Tabuisierung von Homosexualität ist nach einem lauten Paukenschlag sang- und klanglos in die Geschichte eingegangen, zumindest was die zwei Geouteten betraf. Ich aber lebte und arbeitete in Österreich. Das mit dem Weg, wie der Pater gesagt hatte, schien schon zu stimmen. Es staute sich in mir etwas auf. Den Aids-Tod meines Partners wollte seine Familie verheimlichen, sie schützten Krebs vor. Dieser Tod meines Geliebten war unehrenhaft. Das Versteckspiel für uns Schwule war nun durch Aids und diese Lügen erweitert worden. Tief in mir keimte ein Selbstbewusstsein, das mir nach und nach und immer drängender sagte: *Wer bin ich denn, dass ich mich verstecken muss?* und *Wer bin ich denn, dass ich lügen muss?* Dieser Weg – ich bin wieder bei der Nomenklatur des Paters – begann mir zu gefallen. Ich arbeitete immer mehr daran, die Tragfähigkeit meines Selbstbewusstseins auszubauen mit dem Ziel, auch Ächtung und Erniedrigung standhalten zu können. Ich hatte vor, meinen immer klarer geplanten Gang an die Öffentlichkeit nicht nur als Statement, sondern als Haltung zu formulieren. Ich wollte nicht nur aufhören, mich zu verstecken, sondern ich wollte mich zeigen. Als Schwuler. Vielleicht als Vorbild für andere Schwule, die noch im Versteck lebten. Ich wollte mich zeigen als der Mensch, der ich war und bin, und der das Recht hat, so zu sein, wie er ist. Und wenn man mir das Recht nicht gab, dann musste ich es mir eben nehmen. Ich wollte nicht aufgedeckt werden und mich dann ängstlich ducken müssen, sondern dastehen als Fabian, der schwul ist. Mochten sich andere die Zähne daran ausbeißen, ich bin schwul, basta.

Am 17. Dezember 1992 trat ich vor die Öffentlichkeit und sagte es: Ich bin schwul. Ich muss gestehen, am Tag danach neigte ich auch dazu, mich zu ducken. Kam jetzt die Ächtung? Die Verachtung? War ich nun öffentliches Freiwild? Nichts davon trat ein. Es war, als hätten alle, vor allem die Heteros nur darauf gewartet, dass endlich einer kommt, der den Bann bricht, der das Tor aufstößt. Ich glaube, ich habe Tausenden Männern jeden Alters den Schritt abgenommen. Ein jubelndes -– allerdings unhörbares – *Ich auch!* (englisch *metoo*) schallte durch das Land. Die historischen Gegner waren verstummt, denn auch sie bemerkten, dass da etwas in Bewegung geraten war, das mit ihren Phrasen nicht einfach aufzuhalten war. Ich kam mir sogar ehrenhafter vor als Rosa von Praunheim, denn ich warf keine Bombe, ich war selbst die Bombe. Die Dankschreiben gingen in die Tausende, die Radio- und Fernsehsender (sogar bis nach Deutschland) füllten meinen Terminkalender. Denn ich arbeitete ja noch immer in meinem Beruf, erfuhr allerdings jetzt eine neue Art von Achtung. Respekt, Bewunderung, vor allem meines Mutes, wie sie sagten und schrieben. Ich ließ sie gewähren, ich korrigierte sie nicht, ich ließ alles geschehen, weil es rundum positiv war.

Eine Haupthürde entdeckte ich bald. Bei einer öffentlichen Diskussion fragte mich ein Mann mit dem Satz: *Wenn man so ist wie Sie.*

Ich stellte mich dumm und fragte meinerseits: *Was meinen Sie mit ist so wie Sie?*

Der Herr wurde verlegen: *Na, Sie wissen schon.*

Ich: *Nein ich weiß es nicht, sagen Sie es mir, was Sie meinen.*

Er: *Ich will Sie nicht beleidigen.*

Ich: *Sie beleidigen mich nicht, also.*

Schließlich stieß er es heraus: *Sie als Sch – wuler …*

Applaus brandete auf, er galt nicht mir, sondern dem Herrn. Damit war aber ein Bann gebrochen: Man durfte zu jemand Schwuler sagen und der war nicht böse, der drohte nicht mit Klagen, der war eben ein Schwuler und wollte als solcher auch genannt und akzeptiert werden. Glaube mir, Stefan, es war eine wunderbar aufregende Zeit. Vielleicht sogar die schönste Zeit meines Lebens, weil ich da etwas in Bewegung gesetzt habe, das vielen Menschen aus ihrer historisch aufgezwungenen Höhle heraushalf."

Stefan stimmte ihm zu: „Ich habe das natürlich damals mitbekommen. Da es mich nicht direkt betraf, ist es an mir vorübergegangen. Aber es war berührend, die ganze Affäre jetzt aus deinem Mund und aus deiner Sicht zu hören."

„Du nennst das eine Affäre. In Wirklichkeit war mein Vorgehen ein Befreiungsakt, der sich allerdings in seinen Verästelungen im Stillen abspielte. In vielen Familien rumorte es, in vielen Gemeinden fanden Debatten statt, freilich noch immer mit einer gewissen Peinlichkeit behaftet.

In dem Ort, in dem ich meinen Zweitwohnsitz hatte, war auf der Tagesordnung einer Gemeinderatsitzung auch ein Punkt, der die Frage betraf, ob so jemand wie ich im Ort willkommen sei. Es wurde kein Beschluss gefasst und es war gut so. Denn am Montag fand die Sitzung statt, am Dienstag outeten sich der 17-jährige Sohn des Bürgermeisters und der ebenfalls 17-jährige Sohn der Familie, die den örtlichen Lebensmittelmarkt betrieb. Noch dazu stellte sich heraus, dass die beiden einander liebten und seit einem Jahr ein geheimes Paar waren. Der Bürgermeister war ein Schwarzer, der Kaufmann ein Roter. So hatten sie Romeo und Julius auf dem Land. In meinem Büro verband mich meine Sekretärin mit jemand, der sich ihr gegenüber nicht zu erkennen gab. Sie verband trotzdem. Der Dialog fand im tiefsten Wiener Dialekt statt, ich versuche ihn ins Deutsche zu übersetzen.

Sind Sie DER Fabian?

Was meinen Sie mit DER?

Na DER, über den jetzt überall geredet wird.

Er schien das Wort nicht herauszubringen, also half ich ihm: *Sie meinen der Schwule?*

Genau. Ich bin 16 Jahre alt, Sie können du zu mir sagen.
Ich stieg darauf ein: *Ok. Ich bin der Fabian.*
Das weiß ich jetzt. Ich bin der Hans.
Ok, Hans, und was willst du von mir?
Einfach Dankeschön sagen.
Und wofür?
*Naja, mein Papa hat das von dir in der Zeitung gelesen
und gesagt, er findet das sehr klass, dass sich endlich
einer traut, das öffentlich zu sagen. Schließlich darf jeder
Mensch doch so leben, wie er leben will. Großartig! Hat
er gesagt. Da habe ich mir gedacht, jetzt ich auch. Und
habe es ihm gesagt.*
Dass du schwul bist.
Ja.
Kurze Pause.
Ich fragte weiter: *Und? Was hat er gesagt?*
*Er ist aufgefahren und hat gesagt: Moment, das ist aber
schon was anderes. Ich habe mich gewehrt. Bei dem
Fabian findest du es klass, großartig, und bei mir regst
du dich auf. Also was jetzt!*
Und?
*Er hat geschluckt und gesagt, wie bringen wir das der
Mama bei. Die Mama ist aus der Küche ins Wohnzimmer
gekommen und hat gefragt, was ist denn? Da hat ihr der
Papa es gesagt: Unser Bub ist schwul. Sie hat zuerst
nicht verstanden, da ist der Papa deutlicher geworden:
Unser Bub ist wie der Fabian in der Zeitung. Er steht auf
Buben, Männer halt.*
Was hat die Mama gesagt?
*Die hat zu weinen angefangen und ist schlafen
gegangen.*
Und du? Und der der Papa?
Der Papa hat eine Flasche Rotwein geholt und wir haben

uns angetrunken. Und dann hat er gesagt: Was bleibt mir übrig, du bist schon in Ordnung. Und dafür wollte ich mich bei dir bedanken.

Ich hatte im letzten Moment des Gesprächs den Eindruck, dass der Hans jetzt weinte. Aber er hatte schon aufgelegt. Ich weinte auch. Mit kommen jetzt noch die Tränen."

Fabian hatte wirklich Tränen in den Augen. Auch Stefan war berührt, von der Geschichte und von der Rührung Fabians.

Der erfing sich wieder: „Mein Schritt war der einzige laute Schritt. Die vielen tausend Schritte, die die Folge waren, fanden im Stillen statt, in der Familie, unter Freunden. Man redete drüber, hatte eine Meinung, bildete sich eine Meinung, war dafür oder dagegen, oder man gab sich tolerant, in dem es ihnen egal war. Soll doch jeder machen, was er will. Machen was er will, nicht Leben wie er will. Von der Liebe redeten sie kaum, denn die führte jeden Gedanken sofort zum Sex, und da hörte das Verständnis oft auf. Aber auch hier siegte der Satz: Eigentlich ist es mir egal. Und man fühlte sich ungeheuer tolerant, großzügig, weltmännisch. In Österreich wird nämlich Gleichgültigkeit mit Toleranz gleichgesetzt.

Goethe hat es sehr deutlich gesagt: *Toleranz sollte eigentlich nur eine vorübergehende Gesinnung sein: Sie muss zur Anerkennung führen. Dulden heißt beleidigen.*"

Stefan musste sich zu Wort melden: „Deine Homosexualität ist toleriert. Goethe übersetzt tolerieren mit dulden. Fühlst du dich jetzt beleidigt, oder hast du es bis zur Anerkennung geschafft."

Er seufzte: „Wenn ich das wüsste. Ich glaube, wir sind immer noch im Stadium der Toleranz. Wir sind geduldet."

17.

Fabian sinnierte dem nach, was er soeben erzählt hatte, er unterzog es gleichsam einer zusammenfassenden Analyse: „Auf die Gefahr hinauf, dass ich mich wiederhole: Was ist denn das Coming-out? Zugespitzt betrachtet ist es ein Schritt aus dem Dunkel ins Licht. Aus schwarzer Finsternis in die strahlende Helle. Einer hat gesagt, es ist eine Geburt. Eine Neugeburt. Wenn der Wunsch in dir keimt, den Schritt zu tun, bauen sich Hürden auf, die alle mit Angst behaftet sind. Mit Angst vor Menschen, vor Mitmenschen. Die wichtigste Frage scheint dir nämlich: *Was werden die anderen sagen?* Diese anderen! Wer sind denn diese anderen? Die Eltern, die Familie, die Verwandtschaft, die Freunde, die Berufskollegen, die Vorgesetzten, und so weiter. In diesem *Und-so-weiter* sind alle die versteckt, die uns in ihr Gehege treiben wollten – mit kruden Sitten- und Moralgesetzen, die irgendwann zum Zweck der Unterdrückung der auch Schafe genannten Gläubigen von anderen Menschen erfunden wurden.. Und wenn wir von Sex reden: Es sind die, die genauso vögeln wie wir, nur mit dem Unterschied, dass sie sich ihr Vergnügen beim anderen Geschlecht verschaffen. Nicht umsonst hat sich ein recht lukrativer Wirtschaftszweig im Lauf der Jahrhunderte entwickelt, der etwaigen zu kurz Gekommenen meist gegen Geld Befriedigung verschafft. Aber wir sind ja die Schweine, die Abartigen, weil die Verwalter der Sittengesetze ihre Version für die richtige erklärt haben. Dass es uns dabei um Liebe zwischen zwei Menschen geht, wie bei manchen Heteros auch, wird weggewischt mit der Attitüde dessen, der sich anmaßt, im Recht zu sein. Es sind verdammt viele, die sich da in den Weg stellen. Die meisten von ihnen fallen dir erst ein, wenn du in deinen Gedanken so weit bist, dass du die Folgen abzuschätzen beginnst. Merkst du etwas? Es sind die anderen, die dir den Schritt und damit dein Leben schwer machen und die es zu überwinden gilt. Ich will unbedingt und immer drängender aufhören, mich zu verstecken. Mein mittlerweile im Aufbau befindliches Selbstbewusstsein sagt mir: *Tu es!* Die Angst, die gleichsam als Rückschlag immer wieder kommt, sagt: *Tu es nicht!* Die anderen! Nicht sehr hilfreich war für mich die Meinung einiger Freunde, mit denen ich die Möglichkeit eines solchen Schrittes mehr im Scherz erörterte. Als ich ihnen mein Ansinnen vortrug, schüttelten sie den Kopf, waren entsetzt, sagten, *das wäre beruflicher und privater Selbstmord*, einer nannte es sogar den *Gang zum Schafott*. Das waren dieselben, die dann, als mein Outing erfolgreich verlaufen war, sagten: *Naja, du in deiner Position kannst dir das leisten.* Aber es gab auch Freunde, die sagten: *Tu's, was kann dir schon passieren!* Einer meinte sogar: *Wenn du's nicht tust, tut's ein anderer.* Zu der Zeit, als ich mit dem Entschluss schwanger war, befand sich aber meines Wissens kein weiterer Kandidat auf der Startbahn. Ich wusste schon, dass ich allein war. Ich sah mich auch nicht als ein Teilnehmer an einem Wettbewerb oder einem Wettrennen. Zudem hatte ich ehrlich keine Ahnung, was es da zu gewinnen gäbe. Meine Freiheit. Aber auch hier zweifelte ich. Freiheit? Oder wartete da eine neue Unfreiheit auf mich? Sollte mit meinem Coming-out wirklich alles vorbei sein? Und was sollte denn vorbei sein? Ich lebte doch recht gut in meinem Versteck.

Wenn da nicht dieses demütigende Argument gewesen wäre: *Wer bin ich denn, dass ich mich verstecken muss? Bin ich wirklich ein Mensch zweiter Klasse? Bin ich wirklich minderwertig?* Dann wäre es nämlich besser, den Status quo zu belassen: *Nur nicht auffallen. Gib' Ruhe, dann lässt man auch dich in Ruhe.* Ich gebe zu, dass ich auch manchmal eine Art Neugierde fühlte, sogar der Reiz des Abenteuers, auf das ich mich einlassen wollte, meldete sich. Beide Gefühle wurden aber immer sehr schnell wieder von der ganz simplen Angst niedergeschlagen. *Kann ich dann noch auf der Straße gehen? Wird mich meine Familie hinausschmeißen? Wer wird sich von mir abwenden? Kann ich dann noch in der Straßenbahn fahren? Werden sie mich aus meinem Beruf hinauswerfen? Werden Familien ihre Knaben vor mir warnen oder verstecken? Wird mich noch jemand ernst nehmen?* Viele Fragen waren es, die immer dann auftauchten, wenn ich meine Negativ-Phase hatte. In der Hoch-Phase sah ich mich als Heros, als Held, ein Kollege nannte mich später die *Jeanne d'Arc der Schwulen.* Vorkämpfer, Pionier, Ikone, Legende – alles das wurde ich ja dann auch. Sie sagten, ich sei mutig gewesen. Nie in meinem Leben war ich mutig gewesen, bei mir regierte immer die Vorsicht, oft zu lang, oft, wo sie gar nicht geboten war. Ich unterlegte dem mir nachgesagten Mut dann die folgende Rechnung: Wenn die Größe meines Mutes sich aus der Größe meiner Angst errechnet, dann war ich sehr mutig. Ich habe auch keinen Entschluss gefasst, es jetzt zu tun. Ich tat es. Jetzt. Das heißt: Der Erscheinungstermin der Zeitschrift, in der ich in die Luft gehen sollte, stand fest. Die letzten etwa zehn Tage bis zum Tag X wurden immer leerer. Die Angst schlief ein, weil sie ja sowieso sinnlos war. Die Vorfreude musste ebenfalls weichen, weil ich ja gar nicht wusste, worauf ich mich freuen sollte.

Fatalismus zog in mir ein, schicksalsergeben wartete ich darauf: Fiel das Fallbeil oder nicht.

Es fiel nicht.

Und was jetzt?

Ich war erwartet worden. Dringend sogar. Es war höchste Zeit, dass endlich einer kommt."

„Das klingt nach Messias!"

„Das ist ein Blödsinn. Aber die aufgestoßene Tür, die niedergerissene, oder zumindest eingerissene Mauer waren schon erstaunlich. Ich wurde von Radiosender zu Fernsehsender, von Tageszeitung zu Wochenblatt, von Wochenmagazin zu Monatsmagazin gebeten, gereicht, eingeladen, gefragt, ausgefragt. Die Zustimmung war nordkoreanisch: 100 %. Als ich dann die ersten Male *Ich bin schwul, na und?* sagen konnte, hatte ich Herzklopfen, zu ungewohnt war das auch für mich. Ja, ich war mein Leben lang schwul, aber jetzt durfte ich es sagen und bekam noch Applaus dafür. Ich gebe zu, ich landete in einer Art Rausch. Aber da habe ich noch etwas bemerkt: Wenn ich sage Ich bin schwul ist es plötzlich nicht mehr MEIN Problem, sondern das Problem der ANDEREN. Dieses Hochgefühl verleitete mich zu einer etwas ungehemmten Penetranz. Ich konnte nicht an mich halten, es jedem und allen und immer anzuhängen: Ich bin schwul. Meine Offenlegung hatte auch auf mich die Wucht einer Explosion: Ich bin schwul. Und alle, die es erfuhren, riefen: Der Fabian ist schwul. Plötzlich war ich stolz darauf. Vorher habe ich mich für minderwertig gehalten, jetzt hielt ich mich mit derselben Vehemenz für etwas Besseres. Da war einiges, das ich erst verifizieren musste. Als geheimer

Schwuler war ich aus Sicht der anderen etwas Besonderes (besonders verachtenswert), und jetzt bin ich als offener Schwuler wieder was Besonderes (besonders mutig)."

„Gilt das mit dem Besonderen noch immer?"

„Manchmal denke ich mir, es gilt mehr denn je. Aber das liegt längst nicht mehr an mir. Zu welchen Themen werde ich denn von Medien oder Institutionen eingeladen? Zu den schwulen Themen."

„Du bist ihr Doyen!"

„Ich bin darüber nicht unglücklich, ich bin dafür auch nicht undankbar. Aber dass mein gesamtes erfolgreiches Berufsleben in der Erinnerung versinkt, dafür aber meine ganz private Malaise das einzig Wichtige an mir geblieben ist und vermutlich auch bleiben wird, stört mich ein wenig."

„Ist dir deine öffentliche Wahrnehmung noch immer so wichtig?"

„Ich bin öffentliche Wahrnehmung gewöhnt! Was mich stört ist das Thema und seine Bewertung. Ich finde, mein Schwulsein ist überbewertet. Aber das Fazit ist: Schwulsein ist das Wichtigste – und auch das Einzige, was ich jemals geleistet habe."

„Da war ursprünglich die Angst, gesehen zu werden, dann kam das Bedürfnis, gesehen zu werden. Das Bedürfnis wurde doch reichlich bedient. Du wolltest als Schwuler gesehen werden – und jetzt wirst du als Schwuler gesehen. Hast du jemals einen Nachteil erfahren, weil du als Schwuler gesehen wirst? Ich würde sogar sagen, angesehen bist?"

„Nein, Stefan. Aber es sieht in meinem jetzigen Alter ganz danach aus, als wäre Schwulsein mit allen seinen Folgen meine Lebensaufgabe gewesen."

„Du bist ein Vorbild. Ist das keine Lebensaufgabe? Du hast es allen gezeigt, DASS es möglich ist, offen schwul zu sein. Und du hast allen gezeigt, WIE es möglich ist, offen schwul zu sein. Was denn bitte noch?"

Stefan fühlte sich langsam etwas genervt von Fabians seltsamer Wehleidigkeit. Er war nach seinen eigenen Worten durch den Tunnel des Schwulseins durchgerannt, war am Ende voll ins Licht getaucht und stand jetzt als Befreier, der selbst befreit ist, da.

Fabian aber ließ nicht locker: „Du hast schon recht. Dennoch ist da ein Einwand in der Luft: Ich werde gesehen. Aber werde ich auch anerkannt?"

Vehement antwortete Stefan: „Du bist doch anerkannt!"

Ebenso vehement kam die Antwort: „Ja. ICH bin anerkannt. Aber ist SCHWULSEIN anerkannt?"

Darauf wusste Stefan nichts zu sagen.

18.

Fabian fühlte sich erinnert an die Abende in dem Volkshochschulklub, in dem sie einander kennengelernt hatten. Auch damals hatten sie über Geschichte gesprochen, über historische Zusammenhänge. Stefan war neben ihm gesessen, Fabian spürte die jugendliche Wärme, die von dem Buben ausging. In beinahe liebevollem Ton versuchte er die Zweifel des Menschen, der bei der Gründung seiner Liebe Partner war, durch Beispiele zu untermauern: „Stefan, sieh dir unsere Geschichte an. Ich spreche von der Geschichte, die die meisten von uns noch erlebt haben, also die Nachkriegsgeschichte. Von 1945 bis 1971 war meine Liebe totalverboten. In dieser Zeit wurden Tausende Männer verurteilt. 1971 kam der schon zitierte § 209.

Den hat der Verfassungsgerichtshof 2002 gekippt. Aber in dieser Zeit bis dahin wurden noch einmal Hunderte Männer verurteilt. Wenn ich als 25-jähriger mit einem 17-jährigen Sex gehabt hätte, wäre ich dafür ins Gefängnis gegangen. Hätte ich mit einer 15-jährigen Freundin geschnackselt, wäre das erlaubt gewesen. Das Mindestalter für Heteros und Lesben lag bei 14 Jahren. Und die österreichische Justiz war hartnäckig: Auch nach der Abschaffung dieses vertrottelten 209ers wurden Fälle, die vor seiner Abschaffung stattgefunden haben, noch verfolgt, verhandelt und bestraft. Endlich ab 2003 hat der Europäische Gerichtshof für Menschenrechte nach und nach alle Verurteilungen gekippt. Das alles hat sich innerhalb meiner Lebenszeit abgespielt. Und ich bin nicht der Einzige, der mit einem Knacks in seinem Selbstbewusstsein noch lebt. Du hast gefragt, ob Schwulsein anerkannt ist. Was ich jetzt gesagt habe ist die Antwort eines alten Schwulen, der durch all das durchgetaucht ist."

Stefan war beeindruckt, vor allem über das, was Fabian selbst betraf: „Knacks in deinem Selbstbewusstsein?"

„Es stimmt nicht unbedingt fröhlich, ein Teil dieser Geschichte zu sein, auch wenn ich sie unbeschadet überlebt habe."

„Welche Folgen hat denn das alles gehabt?"

„Im Jahr 2021, also ungefähr 20 Jahre danach hat sich die Justizministerin für die Ungleichbehandlung entschuldigt."

„Die Politik hat also erkannt und anerkannt, dass das alles nicht in Ordnung war."

„Nicht in Ordnung … Die heutige Rechtsansicht ist, dass das *aus heutiger Sicht menschenrechtswidrige* Gesetze waren."

„Aus heutiger Sicht? Gilt das auch rückwirkend?"

„Eine gute Frage! Wenn sich unsere Politik darauf einigt, die Erkenntnisse der heutigen Sicht auf die damalige Sicht anzuwenden, dann sind Entschädigungen fällig für die noch lebenden Opfer."

„Und?"

„Die warten darauf."

„Du sagst *Die* …"

„Ich bin kein Opfer. Ich bin, vermutlich aus lauter angstgespeister Vorsicht unbehelligt durchgekommen. Aber noch ist die Gefahr nicht vorbei. Wir, und jetzt sage ich, wir warten noch immer auf das umfassende Antidiskriminierungsgesetz."

„Diskriminierung ist doch verboten, oder?"

„Wenn jemand auf der Straße oder sonst wo in der Öffentlichkeit Schwuchtel zu mir sagt, darf er das. Die Beschimpfung eines Schwulen ist vom Gesetz nicht verboten. Am Arbeitsplatz darf ich nicht blöd angeredet werden, auf der Straße schon. Wenn zwei Männer in einem Hotel ein Doppelzimmer verlangen, gibt es immer wieder noch erstaunte Blicke. Oder dieses wissende Lächeln, aha, klar. Oder sie dürfen uns hinauswerfen, kein Gesetz hindert sie daran. Wenn ich von *meinem Mann* rede, gibt es immer noch jemand, der erstaunt schaut, kurz nachdenkt und dann erst weiß, was es geschlagen hat, dass ich schwul bin und er mit mir machen kann, was er will."

„Andrerseits dürft ihr doch alles: Adoptieren, Heiraten …"

„Ja. Aber wenn bei den Gesetzgebern die Konservativen in der Mehrheit sind, müssen wir um jeden Buchstaben eines Gesetzes zur Gleichberechtigung kämpfen, buhlen, jammern, bitten, flehen, vor die Gerichte ziehen. Fast alle Verbesserungen unserer Lage wurden über die Gerichte erreicht. Der Staat Österreich wurde zu uns Schwulen verurteilt. Dabei gibt es bei den Konservativen genauso viele Schwule wie bei den anderen. Es gibt sogar konservative Schwule, die uns ermuntern: *Tut was, ihr dürft, wir dürfen nicht.*"

„Hast du von denen welche kennengelernt?"

Fabian lachte: „Kennengelernt? Geschlafen habe ich mit ihnen. Politiker, Priester, Mönche. Schwul ist eine Männersache, unabhängig von Partei oder Glauben."

„Sind diese Schwulen aus den Reihen der Konservativen und der Kirchen nicht eigentlich arme Leute, weil sie sich verbergen müssen?"

„Nein. Sie sind ein verlogenes Pack. Ich kannte zwei dieser Nationalratsabgeordneten. Im Parlament stimmen sie gegen uns und im Bett sind sie die einfallsreichsten Draufgänger. Das habe ich selbst erlebt, ich weiß, wovon und von wem ich rede."

„Wird nicht in euren Kreisen automatisch viel gelogen, weil ja doch viele noch immer im Verborgenen leben müssen?"

„Ja. Aber ich spreche von denen, die in das Parlament gehen und für Gesetze gegen uns stimmen. Ich spreche von denen, die auf die Kanzel steigen und uns das richtige Leben predigen. Ich spreche von denen, die mit ihren Reinheitsgelübden in den Klöstern herumbeten und in die Stadt fahren, um hier herumzuhuren."

„Noch einmal: Sind die nicht arm? Kann einer nicht Priester und trotzdem schwul sein? Schwulsein beeinträchtigt doch nicht seine menschliche Qualität."

„Du meinst das Doppelleben, das viele von denen führen. Ich habe es schon einmal erwähnt: Die katholische Kirche sagt, dass die Homosexualität an sich keine Sünde sei. Zur Sünde wird sie nur, wenn man sie ausübt. Welch' ein Schwachsinn. Sexualität muss auch ausgeübt werden. Aber die Kirche ist für uns längst kein gravierendes Problem mehr. Zu viele aufgeflogene Skandale in aller Welt haben ihre Glaubwürdigkeit in Sachen Sexualität auf null gesenkt. Und das ist gut so. In meine Sexualität hat sich niemand einzumischen, die Politiker als die Diener des Volkes nicht und die Religion als menschliches Unterdrückungs-Konstrukt schon gar nicht. Ich frage den Kardinal ja auch nicht, wie oft er masturbiert."

„Du gehst sehr hart mit denen ins Gericht, die vielleicht in tiefen Gewissenskonflikten stecken."

„Das Gewissen drängt auf eine Entscheidung. Wenn ich einen Beruf habe, der mich zwingt, gegen mich selbst zu sein, dann muss ich mir einen anderen Weg suchen. Ich kann nicht gegen die Einbahn fahren und dann jammern, wenn ich erwischt werde."

„Du bist hart!"

„Verhärtet vielleicht. Drei Viertel meines Lebens haben sie mich – uns – mit ihren verlogenen Lehren gedemütigt, wir waren entwertet, minderwertig, zweitklassig, verabscheuenswürdig, mussten wie im Untergrund leben, wurden von den irdischen Gerichten ins Gefängnis gesteckt und von den Kirchenvätern zu Todsündern erklärt. Wenn man uns draufkam, hatten wir von den einen Nichts und von den anderen schon gar nichts Gutes zu erwarten. Da waren nur Verachtung und Strafe, oft sogar Tod."

„Wie in einigen islamischen Ländern."

„Ich fahre in kein islamisches Land."

Fabian hielt inne, dann sagte er: „Obwohl …"

19.

Martha hatte sich zu den beiden an den Tisch gesetzt, sehr entschlossen wirkte sie, als hätte sie etwas vor. So kam es denn auch: „Ein wenig verdächtig ist das schon, wie ihr zwei zusammensteckt. Ist da ein Geheimnis dahinter?"

Stefan versuchte seinen kleinen Schrecken wegzuspielen: „Was soll denn da für ein Geheimnis sein?"

Fabian übernahm die Rechtfertigung: „Wir waren vor ungefähr 60 Jahren, als wir noch ins Gymnasium gingen, sehr befreundet. Dann haben wir uns aus den Augen verloren und jetzt wieder getroffen. Wir erzählen uns gegenseitig unser Leben. Und das dauert eben."

Martha stand auf: „Ich kenne Sie – und ich kenne Stefan."

Im Weggehen sagte sie: „Stefan, ich verlasse mich auf dich!"

Sie ging, gar nicht so stolzen Schrittes wie sonst. Ihr Kleid rauschte vornehm.

Stefan war etwas aus der Fassung: „Du hast recht. Es ist noch nicht ausgestanden. Sie hat einen Verdacht geschöpft. Verdacht! Man wird immer noch verdächtigt."

Fabian nickte. Und obwohl er sich bestätigt sah, wirkte er nicht glücklich.

20.

Tags darauf musste Stefan seinem Gast die Frohbotschaft bringen: „Martha hat sich bei mir entschuldigt, dass sie da von Verdacht geredet hat. Sie schätzt dich sehr, Fabian."

„Und das kann sie mir nicht selbst sagen?"

„Vielleicht schämt sie sich …"

„Du siehst, sobald Schwule im Spiel sind, wird es kompliziert."

„Du pflegst deinen Status. Sie war nur sauer, weil ich mich in den letzten Tagen ihr weniger gewidmet habe. Wenn du das nicht verstehst, dann eben nicht. Dann brechen wir unsere langen Gespräche halt ab."

Betreten schaute Fabian zuerst Stefan an, dann vor sich hin, und nickte: „Ok."

Jetzt lag es an Stefan, die Sache wieder zu reparieren: „Ich habe Martha gesagt, dass wir damals sehr intim waren. Sie hat erleichtert gelacht und gesagt, jetzt verstehe ich alles. Also gib' Ruhe. Denn ich habe da noch eine Frage an dich."

Aber Fabian war noch nicht ganz zufrieden: „Sie hat gelacht? Erleichtert?"

„Ja. Sie war neugierig auf dieses Geheimnis, das sie da vermutet hat."

„Jetzt weiß sie es. Und sie ist erleichtert. Vielleicht habe ich zu viel Theater gemacht."

„Bitte keine Schuldverteilung. Gib mir lieber eine Antwort auf meine Frage. Darf ich?"

Er nickte.

„Du hast, als wir vom Islam gesprochen haben, gesagt, obwohl – und es offengelassen. Der Islam ist gegen Schwule. Was also bedeutet dieses *obwohl*?"

Sehr versonnen nickte Fabian: „Das ist eine sehr eigenartige Geschichte."

Als müsste er sich erst sammeln, schwieg er kurze Zeit, dann begann er: „Ich hatte vor etwa 40 Jahren einen Freund. Er war ein Araber, aus dem Jemen, genau aus der Hauptstadt Sanaa. Er hatte den sehr gängigen Namen Ahmed, studierte in Wien Medizin, war einer der schönsten Männer, die ich in meinem ganzen langen Leben gesehen habe, und stockschwul."

Fabian schien in der Erinnerung zu versinken.

„Ich war so gegen 40, er war etwa 25 Jahre alt. Wir gingen miteinander ins Theater, in die Oper, in Ausstellungen, machten Ausflüge, Wanderungen – und wir liebten uns und schliefen miteinander. Er war Islamist. Strenger Islamist. Er hat fünf Mal am Tag gebetet. Das war ein wenig gewöhnungsbedürftig, da er gnadenlos auch während des Unterrichts darauf bestanden hat, zu beten. Aber er war ein so unfassbar sympathischer Kerl, dass ihm niemand böse war oder ihn sogar vielleicht belächelte. Wir lebten meistens in seiner sehr schönen Wohnung im 8. Bezirk. Die konnte er sich leisten, weil er aus einer sehr gut situieren Familie stammte, die ihm offenbar regelmäßig Geld schickte. Die Wohnung hatte er sich ein wenig arabisch eingerichtet, er hatte auch einen Hang zu Räucherstäbchen, die Nächte mit ihm waren also fast im wahrsten Sinne des Wortes märchenhaft. Scheherezade ließ grüßen. Er machte sehr gute Fortschritte in seinem Studium, über etwaige Zukunftspläne aber schwieg er. Wenn ich ihn fragte, lächelte er und meinte, er hätte noch gar keine Pläne. Genau im Zeitplan war er mit dem Studium fertig, machte die Prüfungen, wurde Doktor, Arzt, Allgemeinmediziner, und bekam sofort einige Angebote. Da überraschte er uns mit einer unerwarteten Mitteilung: Er wolle nach Hause zurückkehren. In den Jemen. Wir waren entsetzt, im Jemen drohte die Todesstrafe für Schwule. Er überraschte uns wieder: Daheim werde er nicht schwul sein. Wir waren sprachlos: *Aber du bist doch schwul.* Er sagte: *Daheim nicht.* Was will er denn daheim? *Als Arzt arbeiten und eine Familie gründen.* Wir glotzten nur noch blöd. Er aber lächelte: *Eine Frau heiraten und Kinder kriegen, was denkt ihr denn?* Er lächelte wirklich! Ich fragte sehr drängend, *aber WARUM denn? Der Glaube doch nicht. Bitte!* Er antwortete sehr ruhig: *Ich bin Jemenite.* Ganz einfach! Eine Woche später war er weg. Die Wohnung war aufgelöst, als wäre er nie dagewesen. Weg. Ich hatte keine Adresse von ihm, nichts. Das Einzige, was ich wusste, war, dass er in der Hauptstadt Sanaa wohnte. Ob er sich dort oder wo anders als Arzt niedergelassen hatte, wusste ich nicht. Langsam begannen ich und sein Freundeskreis ihn zu vergessen. Hin und wieder seufzten wir, erinnerst du dich? Nach fünf Jahren bekam ich mit der Post einen Brief. Drinnen war ein Zettel *Liebe Grüße von Ahmed* und ein Foto in Postkartengröße. Darauf zu sehen waren: Er, eine Frau, von der nur das Gesicht zu sehen war, ein sehr hübsches Gesicht, und zwei Kinder, das größere ein Bub, das kleinere ein Mädel. Und alle vier lächelten, lächelten so glücklich, dass ich zu weinen begann."

Fabian machte eine Pause, weil ihm auch jetzt Tränen in den Augen standen und ihm seine Stimme wegbrach.

„Du meine Güte", murmelte Stefan hilflos, „ist das schön."

Heftig nickend, er wollte noch immer seine Rührung überspielen, sagte Fabian: „Ja. Mir fällt kein blöderer Vergleich ein: Ein Märchen."

„Das aber in der brutalen Wirklichkeit stattgefunden hat. Wie kann er das geschafft haben?"

„Ich verstehe es auch nicht. Ich kann es nur Haltung nennen."

„Aber was hat ihn da geregelt?"

Fabian zuckte mit den Schultern: „Die einzige Erklärung, die er gesagt hat, war: Ich bin Jemenite. Sein Stolz als Araber? Doch der Glaube? Die Tradition? Was mich daran irritiert, ist, dass Ahmed offenbar nach Motiven gehandelt hat, die bei uns nicht mehr zählen, die aber jemandem, der sie akzeptiert Kraft geben, Halt, die Richtung weisen – und letzten Endes glücklich machen." Nach einer längeren Pause sagte Fabian leise: „Ich bewundere ihn. Er hat es geschafft, sich von der sexuellen Fixierung loszulösen. Er hat den Sex an die zweite Stelle seiner Wichtigkeitsskala verschoben. Er ist seinem Ideal gefolgt, strategisch geplant mit der Selbstverständlichkeit dessen, der weiß, was er ist und der weiß, was er dem, was er ist, schuldig ist: Er ist Jemenite."

21.

Eine Bemerkung Fabians war in Stefan hängen geblieben: „Er hat den Sex an die zweite Stelle seiner Wichtigkeitsskala gerückt – ist das erstrebenswert, ist das vielleicht sogar ein anzuratendes Rezept?"
Fabian lächelte: „Jetzt, da ich anatomisch aus dem aktiven partnerschaftlichen Geschlechtsleben ausgeschieden bin, sehe ich, wie frei ich bin, wenn der Sex nicht mehr die erste Reihe besetzt. Diese Weisheit, der Ahmed gefolgt ist, habe ich mir allerdings nicht selbst und aus eigenem Antrieb auferlegt, sondern sie ist ganz simpel eine Folge meiner Alterung. Jetzt erst weiß ich, wie sehr der Sex vernünftige Gedankenwege verstellen kann, wenn er überhandnimmt und sich deines Denkens bemächtigt. Die Dominanz von Sex hat

schon so manchen Menschen die Reputation gekostet. Sex hat schon so manchen Menschen ruiniert."

„Und die Liebe?"

„Die Liebe hat noch niemand ruiniert."

„Ok", drängte Stefan, „du bist jetzt sexlos und fühlst dich frei. Befreit. Aber als du dich outetest warst du ja noch, wie sage ich es, im Saft. Was war denn da für eine Freiheit?"

Fabian zuckte die Achseln: „Wie soll ich das jetzt sagen? Ja, ich war frei. Ich weiß, es ist immer dasselbe Wort, *frei*. Aber erst jetzt habe ich den Zwang gefühlt, unter dem ich gelebt habe: Der Zwang, mich zu verstecken, zu schweigen, zu verschweigen. Erst, als er weg war, spürte ich überdeutlich, dass da ein Zwang gewesen war. Ein Jahr lang habe ich das sogar genossen, zwanglos zu sein. Dann ebbte der Hype, wie man heute sagt, ab, ich bin in den gemeinen Alltag zurückgeworfen worden. Ich war schon 53 Jahre alt, als mir mein Lebenspartner abhandenkam. Mit meinen diversen Aktionen habe ich ihn gleichsam abgearbeitet. Ein wenig pathetisch sagte ich mir, ich hätte seinen Auftrag erfolgreich ausgeführt. Solange ich mit meinem Outing und den folgenden Begleiterscheinungen beschäftigt war, ist mein Partner bei mir gewesen. Nun konnte ich ihn loslassen, wie psychologisch gebildete Menschen das gemeinhin nennen. Nun stand ich da: Ohne Partner, und weit und breit war keiner in Sicht. Die Zweifel an meiner Attraktivität, die ich sowieso hatte, bekamen einen finalen Charakter. Ich würde keinen Partner mehr finden. 15 Jahre feste, ehegleiche Partnerschaft haben mir auch die Lust auf die sogenannte freie Wildbahn genommen. Ich gebe zu, ich suchte gar nicht. Ich wurde Fatalist. Der erste Partner ist mir durch einen Zufall zugewachsen. Schicksal. Und jetzt wollte ich dem Schicksal noch eine Chance geben: Wenn es vorhat, mir einen Partner zufallen zu lassen, würde ich mich sehr freuen. Wenn nicht, dann war's das eben."

„Soviel ich weiß, war's das aber nicht."

„Ich habe einen Partner. Seit 20 Jahren. Ich bin glücklich mit ihm seit zehn Jahren verheiratet und durfte in einen wunderschönen Lebensabend eintauchen."

„Da warst du etwa 60 Jahre alt."

„63."

„Von 53 bis 63, da sind zehn Jahre dazwischen."

„Sei nicht so neugierig. Da war mein schwules Leben schon eingeebnet. Ich hatte genau drei kurze Beziehungen mit Männern, die halb so alt waren wie ich. Es war mir klar, dass das nicht die Lösung sein konnte und dass die sich bald einen Jüngeren suchen würden. Ich bin Realist geworden. Und ich wollte mich nicht in einer einschlägigen Fernsehsendung zur Schau stellen."

„Hättest du nicht doch suchen sollen? Halt anders?"

„Nein. Ich war zufrieden. Mein Leben war in das höchst uninteressante Normal-Dasein eingetaucht. Genau genommen bin ich dort gelandet, wo wir Schwulen mit all unseren Bemühungen immer hinwollten: Ich wurde uninteressant. Man ließ mich in Ruhe. Ich durfte, um eine unserer Kampfparolen zu zitieren, leben und lieben wie ich wollte. Ich habe meine kleine Familie, bin sehr glücklich – und aus."

„Aus? Du beobachtest doch laufende oder drohende Entwicklungen ..."

22.

Martha hatte anderweitig zu tun. Gestern ist eine 89-jährige Frau gestorben, eine Einspringerin bei der Tarockrunde. „Sie hat erbärmlich schlecht gespielt", erklärte Martha, „aber wir hatten keine Wahl." Die Verwandtschaft der Dame, Alice hatte sie geheißen, war eingetroffen. „Sie streiten schon", berichtete Martha, „wer als Erste in das Zimmer der Verblichenen hineindarf."

Eifrig und wohl auch neugierig eilte sie von hinnen. Stefan aber erblickte, gleichsam als Erlösung, Fabian, der seines üblichen unsicheren Schrittes auf seinen Tisch zusteuerte.

„Was ist denn hier los?", fragte er angesichts der unüblich vielen Autos vor der Residenz.

„Ein Todesfall", erklärte Stefan.

Ächzend setzte sich Fabian: „Aha, die Erbschleicher."

Er sprach gleich weiter: „Ich habe meinem Mann daheim gesagt, dass ich dir meine ganze schwule Geschichte erzähle."

„Was hat er gesagt?"

„Er hat gelacht. Die musst du mir auch einmal erzählen."

„Aber mir erzählst du sie?"

„Du bist mein Sonderfall. Du bist das Alpha meines schwulen Daseins."

„Und jetzt machen wir das Omega?"

Fabian lachte: „Gebildete alte Herren unter sich."

„Von der Zukunft müssen wir wohl nicht reden."

„Warum nicht?"

Stefan staunte leicht: „Weil wir doch kaum eine nennenswerte haben."

„Ja, du vielleicht als langweiliger Hetero. Du bist auf der ungefährdeten Seite."

Jetzt staunte Stefan etwas mehr: „Und du? Siehst du da Düsternis? Fühlst du dich, genau genommen fühlt ihr euch denn nicht in Sicherheit?"

„Die Zweiteilung deiner Frage ist schon richtig. ICH bin alt, ich bin in Sicherheit, anders gesagt, ich bin ZU alt, um noch für etwaige politische oder gesellschaftliche Bremsklötze gefährlich zu werden, oder dass diese Typen für mich gefährlich werden könnten. Aber man sieht es ja in Amerika. Mit einem Federstrich kann jeder Fortschritt gestrichen werden. Von den Weltreligionen, die uns immer mehr einengen, will ich gar nicht reden. Die uns feindlich gesinnten Religionen werden immer mehr, die Katholiken, die unseren Lebensraum bedecken, sind wenigstens zum heilsamen Schweigen verurteilt, aber ich weiß, dass unsere Gegner nur schlafen."

„Bist du ein Pessimist?"

„Was die fernere Zukunft betrifft, ja. Die Geschichte wiederholt sich zyklisch. Was gestern Nazis geheißen hat und heute Rechte heißt, wird unter anderen Namen wiederkommen und mit anderen Mitteln für Restriktionen sorgen. Und ich bin Optimist, weil ich mit meinen 83 Jahren nicht damit rechne, so einen Rückschritt noch zu erleben."

„Und wenn doch?"

„Ich bin alt. Ich bin raus. Wer will mir altem Knacker denn etwas antun?"

„Du würdest stillsitzen?"

„Nein."

„Was denn?"

„Wenn ich irgendwie noch kann, werde ich wieder kämpfen."

„Und wenn es dir an den Kragen geht?"

„Die Jahre des Alters sind beschwerlich. Wenn mir jemand ein paar beschwerliche Jahre wegnimmt, bin ich ihm nicht böse."

„Willst du ein Märtyrer werden?"

„Nein. Ich will für meine Anliegen nicht sterben, sondern leben."

Fabian nickte zur eigenen Bekräftigung, er wirkte sehr zufrieden.

23.

Martha war es, die nach einigen Tagen unruhig wurde: „Wo bleibt denn dein Busenfreund?"

„Ich weiß es auch nicht. Wenn ich anrufe, hebt er nicht ab. Er hat sich auch nicht endgültig verabschiedet, als würde er nicht mehr kommen."

„Irgendwie unhöflich, findest du nicht?"

Es blieb Stefan nichts anderes übrig, als die Achseln zu zucken: „Von Alpha zu Omega."

„Was heißt das?"

„Du musst nicht alles wissen, nur das eine: Ich war das Alpha."

Während Stefan mit den Tränen kämpfte, schüttelte sie den Kopf und ging zu ihrer, durch eine neue Dame ergänzten, Tarockpartie.

24.

Fabians Mann fiel auf, dass sein Gatte in letzter Zeit viel gelöster war, zufriedener, sanfter, aber auch nachdenklicher, als hätte er etwas Wichtiges erledigt. Er sprach ihn nach einem guten Abendessen, als sie schon ihren geliebten Grappa tranken, darauf an: „Was hast du denn eine Woche lang jeden Tag in Baden gemacht?"

Fabian schaute ihn lange an, dann sagte er: „Ich habe nach über 60 Jahren einen alten Freund wieder getroffen, mit dem ich … willst du das wirklich hören?"

Sein Mann nickte: „Wenn's nicht zu lange dauert."

Dann erzählte ihm Fabian die ganze Geschichte von ihm und seinem Stefan: „In den 1950er-Jahren hatte ich …"